Sabine Falter

WILLKOMMEN IM REGELUNTERRICHT!

-Lernende entdecken

Sachtexte

Niedrigschwellige Arbeitsblätter

für die Klassen 7–10

Verlag an der Ruhr

Impressum

Titel

Willkommen im Regelunterricht – **DaZ-Lernende entdecken Sachtexte**

Niedrigschwellige Arbeitsblätter für die Klassen 7–10

Autorin

Sabine Falter

Umschlagmotiv

© artinspiring – stock.adobe.com

Druck

Heenemann GmbH & Co. KG, Berlin, DE

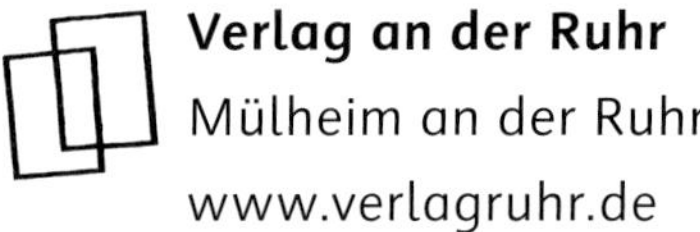

Verlag an der Ruhr
Mülheim an der Ruhr
www.verlagruhr.de

Geeignet für die Klassen 7–10

ISBN 978-3-8346-4224-0

Inhaltsverzeichnis

Vorwort *4*

Vorgangsbeschreibungen entdecken am Beispiel Kochrezept 5

Was ist eine Vorgangsbeschreibung? 5

Wortschatzarbeit 6

Ein Rezept umschreiben – Süße Pfannkuchen 8

Ein Rezept umschreiben – Vegetarische Kartoffelsuppe 10

Textschnipsel zu einem Rezept zusammenfügen . . . 11

Ein typisch deutsches Rezept kennenlernen 12

Vorschriften entdecken am Beispiel Hausordnung 13

Was ist eine Vorschrift? 13

Wortschatzarbeit 15

Eine Schulordnung untersuchen 17

Eine Büchereiordnung verfassen 19

Zeitungen entdecken 21

Was ist eine Zeitung? 21

Wortschatzarbeit 22

Eine Zeitung untersuchen 24

Meldungen entdecken 25

Was ist eine Meldung? 25

Wortschatzarbeit 26

Meldungen untersuchen 28

Meldungen schreiben 29

Nachrichten entdecken 30

Was ist eine Nachricht? 30

Wortschatzarbeit 31

Nachrichten untersuchen und schreiben 33

Berichte entdecken am Beispiel Unfallbericht 35

Was ist ein Bericht? 35

Wortschatzarbeit 36

Unfallskizze und Bericht untersuchen 38

Einen Bericht schreiben – Infos aus einer E-Mail 40

Einen Bericht schreiben – Infos aus einem Gespräch 41

Briefe entdecken am Beispiel Leserbrief . . . 43

Was ist ein Brief? 43

Wortschatzarbeit 44

Argumente formulieren 46

Den Aufbau eines Leserbriefs untersuchen 47

Leserbriefe untersuchen und verfassen 48

Interviews entdecken 50

Was ist ein Interview? 50

Wortschatzarbeit 51

Ein Interview untersuchen 53

Ein Interview erarbeiten 55

Lexikonartikel entdecken 56

Was ist ein Lexikonartikel? 56

Wortschatzarbeit 57

Artikel aus Online-Lexika untersuchen 59

Einen Lexikonartikel zusammensetzen 60

Lösungen *61*

Vorwort

Liebe Kolleg*innen,

Kinder und Jugendliche, die neu in Deutschland sind, stehen zunächst vor der Herausforderung, die fremde Sprache möglichst schnell lernen zu müssen. Aus diesem Grund legt der Unterricht in den Willkommensklassen den Fokus eher auf das Erlernen der Sprache und reicht somit oft nicht aus, um die Schüler*innen auch optimal auf den Regelunterricht im Fach Deutsch vorzubereiten. Denn die Lernenden benötigen dafür nicht nur einen sicheren Umgang mit Sprache in mündlicher und schriftlicher Form, sie werden zudem mit verschiedenen pragmatischen und literarischen Texten konfrontiert, die sie verstehen und anschließend auch analysieren sollen.

Mit „DaZ-Lernende entdecken Sachtexte" können Sie als Lehrkraft junge Lernende sowohl in den Willkommensklassen als auch im Regelunterricht dabei unterstützen, im Fachunterricht schnell Anschluss zu finden. Dazu finden Sie in diesem Heft abwechslungsreiche Arbeitsblätter zu den wichtigsten Sachtextsorten auf A2- und B1-Niveau für die Klassen 7 bis 10. Die Kopiervorlagen ermöglichen Ihren Schüler*innen einen unkomplizierten Einstieg in die Auseinandersetzung mit Sachtexten und können ohne Vorbereitung direkt im Unterricht eingesetzt werden. Einige Aufgaben sollen in Partnerarbeit durchgeführt oder in der Klasse besprochen werden. Das ist natürlich nur möglich, wenn, z. B. in einer Willkommensklasse, mehrere Schüler*innen mit dem Material arbeiten. Wenn Sie eine*n einzelne*n Schüler*in individuell mit dem Material in der Regelklasse arbeiten lassen, müssen Sie diese Aufgaben dementsprechend anpassen. Hier empfiehlt es sich oft, einen leistungsstarken Lernenden aus der Regelklasse zur Besprechung der Aufgaben heranzuziehen.

Jedes der sechs Kapitel startet mit einem kompakten Infoblatt ❗, das die jeweilige Textsorte mit ihren wichtigsten Merkmalen und Eigenschaften in möglichst einfacher Sprache vorstellt. Die Infoblätter dienen aber nicht nur dem ersten Kennenlernen der Textsorte, sie können im weiteren Verlauf der Einheit immer wieder als hilfreiche Gedächtnisstütze herangezogen werden. An die Infoblätter schließen dann die „Wortschatz"-Arbeitsblätter Ⓦ an. Hier finden Ihre Schüler*innen wichtiges Fachvokabular, das abgefragt und gesichert wird und damit eine Basis für die weitere Arbeit mit der Textsorte schafft. Darüber hinaus werden wichtige grammatische Strukturen anhand der Lernwörter geübt und das durch die Infoblätter gewonnene Fachwissen mithilfe von abwechslungsreichen Aufgaben nachhaltig gefestigt.

Das Kernstück jedes Kapitels bilden Kopiervorlagen mit exemplarischen Texten und passgenauen Aufgaben ✎. Besonders lernstarke Schüler*innen können Sie zudem gezielt mit den Sternaufgaben ★ unterstützen, die der Differenzierung dienen.

So führen Sie Ihre Schüler*innen nach und nach an die Anforderungen des Regelunterrichts Deutsch heran und helfen ihnen dabei, diese auch bewältigen zu können.

Ich wünsche Ihnen viel Freude dabei, zusammen mit Ihren DaZ-Lernenden Sachtexte zu entdecken!

Sabine Falter

Der Verlag an der Ruhr legt großen Wert auf eine geschlechtergerechte und inklusive Sprache. Daher nutzen wir das Gendersternchen, um sowohl männliche und weibliche als auch nichtbinäre Geschlechtsidentitäten einzuschließen. Alternativ verwenden wir neutrale Formulierungen. Auf den Kopiervorlagen in diesem Buch verzichten wir dennoch auf das Gendern. Dies ist eine Einzelfallentscheidung aus didaktischen Gründen und ist in keinem Fall ausschließend oder diskriminierend zu verstehen.

Was ist eine Vorgangsbeschreibung?

In einer **Vorgangsbeschreibung** wird eine **Handlung** oder ein **Ablauf** der Reihe nach ganz genau beschrieben. So kann der **Leser** oder der **Zuhörer** den Vorgang **selbstständig nachmachen**.
Es gibt zum Beispiel Spielanleitungen, Aufbauanleitungen für Möbel oder Bedienungsanleitungen, zum Beispiel für eine Waschmaschine oder einen E-Scooter.

Grammatik

In einer Vorgangsbeschreibung wird meist das Passiv, der Imperativ oder die Man-Form benutzt.

Das Passiv

Das **Passiv** ist eine **Form des Verbs**. Sie sagt, **was** mit einem Gegenstand oder einer Person geschieht. **Wer** etwas tut, ist **unwichtig**.
Die Person wird oft nicht genannt.
Das Passiv wird mit einer Form des Hilfsverbs „**werden**" und dem **Partizip II** gebildet.

BEISPIELKONJUGATION: gefahren werden

1. Pers. Singular	Ich **werde gefahren**
2. Pers. Singular	Du **wirst gefahren**
3. Pers. Singular	Er **wird gefahren**
1. Pers. Plural	Wir **werden gefahren**
2. Pers. Plural	Ihr **werdet gefahren**
3. Pers. Plural	Sie **werden gefahren**

BEISPIELSÄTZE: Zuerst **werden** (= Form des Hilfsverbs) die Kartoffeln **gewaschen** (= Partizip II). Dann **werden** (= Form des Hilfsverbs) sie **geschält** (= Partizip II).

Der Imperativ

Der **Imperativ** ist die **Befehlsform des Verbs**.
Dabei wird eine Person **direkt angesprochen**.
Ihr wird eine **Anweisung (Befehl)** gegeben.

BEISPIELKONJUGATION: machen
Singular: mach(e) Plural: macht

BEISPIELSÄTZE: **Schalte** den Backofen ein.
Lege die Pizza auf das Backblech.

Die Man-Form

Bei der **Man-Form** wird die **Person**, **die etwas tut**, nicht genannt. Sie wird mit dem Wort „man" umschrieben. Mit „man" ist **irgendeine Person** gemeint.

BEISPIELSÄTZE: Man **legt** das Ei in kochendes Wasser und **kocht** es 10 Minuten.

Beispieltextsorte: Das Kochrezept

Ein Kochrezept erklärt Schritt für Schritt, wie man ein Gericht zubereitet.
Es werden alle Zutaten und Arbeitsgeräte aufgeführt und alle Arbeitsschritte in der richtigen Reihenfolge aufgezählt.

Wortschatzarbeit (1/2)

Wortschatzliste

Nomen
das Backblech
das Gericht
das Handrührgerät
das Kochrezept
das Messer
das Schneidebrett
der Ablauf
der Backofen
der Herd
der Koch,
die Köchin
der Kühlschrank
der Löffel
der Pfannenwender
der Rührlöffel
der Stabmixer
der Teller
der Topf
die Gabel
die Handlung
die Hitze
die Pfanne
die Schüssel
die Tasse
die Vorgangsbeschreibung
die Zutat

Verben
regelmäßige Verben:
bestreuen
dünsten
erhitzen
kneten
kochen
mixen
pürieren
rühren
schälen
verrühren
würzen

unregelmäßige Verben:
backen
braten
essen
gießen
messen
schneiden
waschen
wiegen

trennbare Verben:
abschmecken
abschneiden
anbraten
anschalten
dazugeben
umrühren

Adjektive
cremig
fest
glatt
heiß
kalt
klebrig
knusprig
lauwarm
locker
saftig
weich

Maßeinheiten und Abkürzungen
EL → Esslöffel
g → Gramm
kg → Kilogramm
l → Liter
ml → Milliliter
TK → tiefgekühlte Lebensmittel
TL → Teelöffel

1. In der Wortschatzliste findest du alle wichtigen Wörter zum Thema Kochrezept.
   a) Schlage die Wörter in einem Wörterbuch nach.
   b) Schreibe alle Wörter in deiner Sprache in dein Vokabelheft.
   c) Lerne die Wörter auswendig und lass dich von einer Partnerin oder einem Partner abfragen.

Wortschatzarbeit (2/2)

2. Arbeite mit den Verben der Wortschatzliste.

a) Übertrage die Tabelle in dein Heft. Trage zehn Verben der Wortschatzliste ein. Wähle auch mindestens zwei unregelmäßige und zwei trennbare Verben aus. Benutze ggf. ein Wörterbuch.

Infinitiv	Imperativ (Singular)	Man-Form
bestreuen ...	bestreue	man bestreut

b) Bilde Sätze mit drei regelmäßigen und drei unregelmäßigen Verben in der Man-Form und im Imperativ. Benutze ggf. ein Wörterbuch.

BEISPIEL: wiegen → Man wiegt das Mehl.
Wiege das Mehl.

c) Bilde Sätze mit drei trennbaren Verben in der Man-Form und im Imperativ. Benutze ggf. ein Wörterbuch.

BEISPIEL: abschneiden → Man schneidet die Wurzel ab.
Schneide die Wurzel ab.

3. Viele Nomen der Wortschatzliste sind aus verschiedenen Wortarten zusammengesetzt. Trenne folgende Nomen in ihre Bestandteile und bestimme, ob die Wörter Verben oder Nomen sind:

Handrührgerät – Pfannenwender – Backofen – Kochrezept – Schneidebrett

BEISPIEL: Stabmixer = Stab (Nomen) + Mixer (Nomen)

4. Finde heraus, wie viel Gramm ein Kilogramm hat und wie viel Milliliter ein Liter.

5. Suche zu den Arbeitsgeräten passende Verben. Vielleicht findest du auch Verben, die nicht in der Wortschatzliste stehen.

Arbeitsmaterialien	Passende Verben
Messer	schneiden,
Herd	
Löffel	
Rührschüssel	

Ein Rezept umschreiben – Süße Pfannkuchen (1/2)

Zutaten und Arbeitsgeräte für die süßen Pfannkuchen

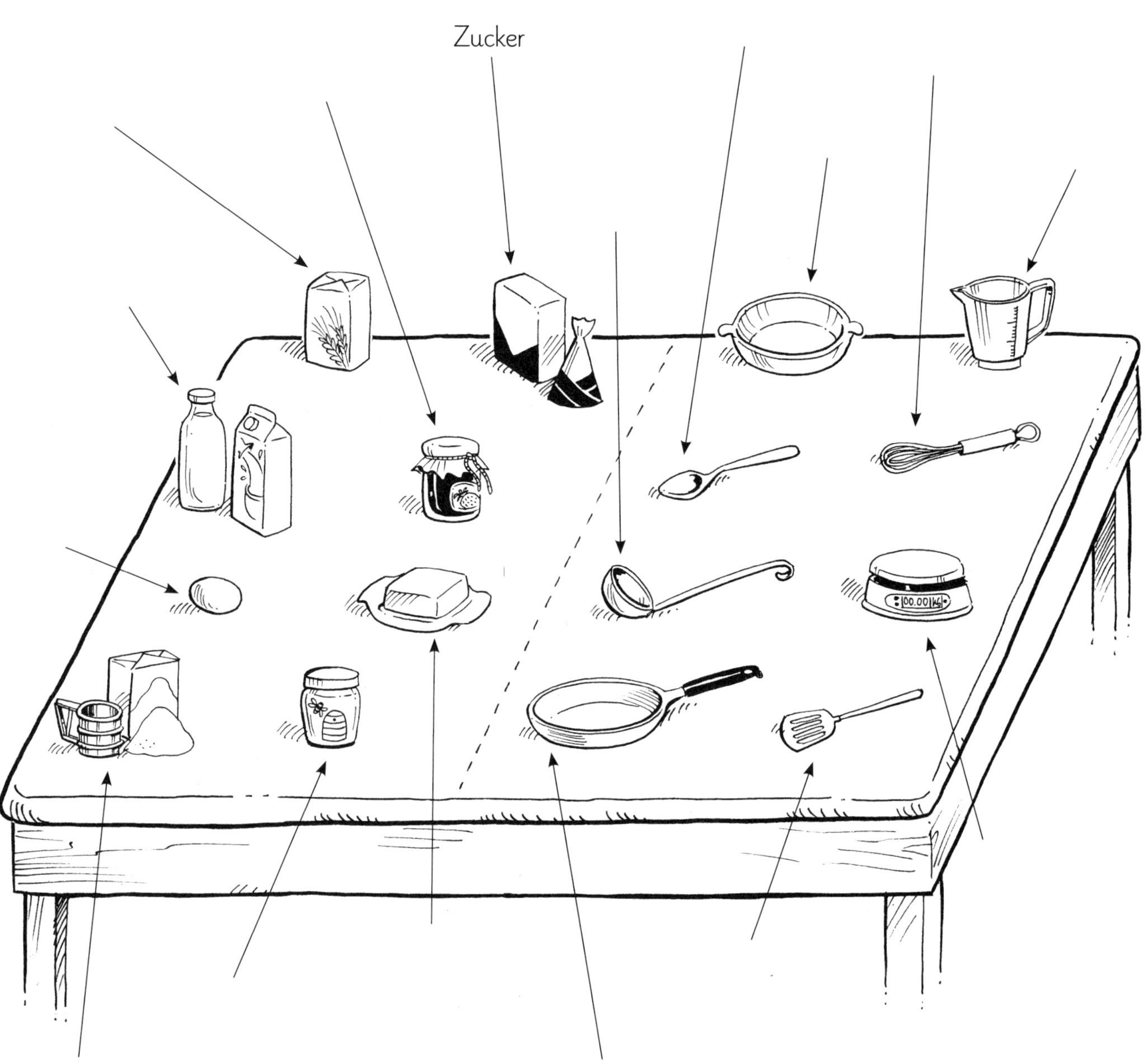

1. Beschrifte die Zutaten und Arbeitsgeräte mit den Wörtern aus der Auflistung am Anfang des Rezeptes.

Ein Rezept umschreiben – Süße Pfannkuchen (2/2)

Süße Pfannkuchen

Zutaten:
125 g Mehl
1 gehäufter EL Zucker
125 ml Milch
1 Ei
1 EL Butter für die Pfanne
1 EL Puderzucker,
Marmelade oder Honig

Arbeitsgeräte:
die Schüssel
die Waage
der Messbecher
der Esslöffel
der Schneebesen
die Kelle
die Pfanne
der Pfannenwender

Zubereitung:

1. Wiege das Mehl. Gib es dann in eine Schüssel.
2. Gib den Zucker zum Mehl.
3. Gieße die Milch ebenfalls in die Schüssel.
4. Schlage das Ei auf und lass Eigelb und Eiweiß in die Schüssel gleiten.
5. Verrühre alle Zutaten mit einem Schneebesen zu einem glatten Teig.
6. Erhitze die Butter bei mittlerer Hitze in der Pfanne.
7. Gib eine Kelle Teig in die Pfanne und verteile ihn gleichmäßig.
8. Lass den Teig ungefähr 3 Minuten backen.
9. Wende den Pfannkuchen mit dem Pfannenwender und lass auch die andere Seite ca. 3 Minuten backen.
10. Nimm den Pfannkuchen aus der Pfanne und bestreue ihn mit Puderzucker oder bestreiche ihn mit Marmelade oder Honig.

2. Lies das Rezept.
a) Unterstreiche alle Wörter, die du nicht kennst.
b) Schlage die unterstrichenen Wörter in einem Wörterbuch nach.
c) Schreibe sie in deiner Sprache in dein Vokabelheft.

3. Schreibe aus den Sätzen unter „Zubereitung" alle Verben im Imperativ heraus. Notiere daneben die Man-Form.
BEISPIEL: wiege – man wiegt

4. Schreibe den Zubereitungstext in die Man-Form um.
BEISPIEL: Man wiegt das Mehl. Dann gibt man es in eine Schüssel.

Ein Rezept umschreiben – Vegetarische Kartoffelsuppe

Vegetarische Kartoffelsuppe

Zutaten:
1 Bund Suppengemüse
(Karotten, Lauch, Sellerie)
400 g weichkochende
Kartoffeln
2 Zwiebeln
Öl
1,5 l Wasser
1,5 l Gemüsebrühe
1 Becher Sahne
Salz, Pfeffer

Arbeitsgeräte:
das Brett
das Messer
der Topf
die Schüssel
der Kartoffelschäler
der Messbecher
der Stabmixer
der Teller

Zubereitung:
Das Suppengemüse und die Kartoffeln werden gewaschen. Kartoffeln, Karotten und Sellerie werden in kleine Würfel geschnitten. Der Lauch wird in dünne Scheiben geschnitten. Die Zwiebeln werden geschält und in kleine Würfel geschnitten.
Die Herdplatte wird auf mittlerer Hitze angeschaltet. Das Öl wird im Topf erhitzt und die Zwiebeln werden darin leicht angebraten. Anschließend wird die Gemüsebrühe dazugegeben. Alles wird 25 bis 30 Minuten bei mittlerer Hitze gekocht.
Das Gemüse wird im Topf mit einem Stabmixer fein püriert. Die Sahne wird eingerührt. Zum Schluss wird die Suppe mit Salz und Pfeffer gewürzt.

1. **Lies das Rezept.**
   a) **Unterstreiche alle Wörter, die du nicht kennst.**
   b) **Schlage die unterstrichenen Wörter in einem Wörterbuch nach.**
   c) **Schreibe sie in deiner Sprache in dein Vokabelheft.**
2. **Schreibe aus dem Text unter „Zubereitung" alle Verben im Passiv heraus. Notiere daneben die Man- und die Imperativ-Form.**
   BEISPIEL: werden gewaschen – man wäscht – wasche
3. **Schreibe den Zubereitungstext in die Man- oder die Imperativ-Form um.**
   BEISPIEL: Man-Form → Man wäscht das Suppengemüse und die Kartoffeln.
   Oder
   Imperativ-Form → Wasche das Suppengemüse und die Kartoffeln.
4. ★ **Schreibe dein Lieblingsrezept aus deinem Heimatland auf. Beachte dabei die Merkmale eines Kochrezepts.**

Textschnipsel zu einem Rezept zusammenfügen

Kartoffelspalten mit Gurkendip

A Kartoffeln gründlich gewaschen und in 1 cm dicke Spalten geschnitten. Das Öl

B wird die Salatgurke geschält und in sehr kleine Würfel geschnitten. In einer Schüssel

C Zuerst wird der Backofen auf 200 °C vorgeheizt. Das Backblech wird mit Backpapier ausgelegt. Anschließend werden die

D wird in eine Schüssel gegeben und mit Salz, Pfeffer, Paprikapulver und Knoblauchpulver verrührt. Dann werden die Kartoffelspalten

E Kartoffelspalten werden dann auf dem Backpapier verteilt und im Ofen 25–30 Minuten gebacken. Sie müssen hellbraun und weich sein. In der Zwischenzeit

F in die Schüssel mit dem Öl geschüttet und alles wird gründlich gemischt. Die gewürzten

G werden die Gurkenwürfel unter den Joghurt gerührt.
Der Gurken-Dip wird mit den Kartoffelspalten auf einem Teller angerichtet.

H werden die saure Sahne und der Natur-Joghurt gemischt und mit Salz und Pfeffer gewürzt.
Zum Schluss

1. Lies die Textschnipsel.
  a) Unterstreiche alle Wörter, die du nicht kennst.
  b) Schlage die unterstrichenen Wörter in einem Wörterbuch nach.
  c) Schreibe sie in deiner Sprache in dein Vokabelheft.

2. Die Textschnipsel ergeben ein Rezept.
  a) Schneide die Schnipsel aus.
  b) Klebe sie in der richtigen Reihenfolge auf. Achte auf die Satzanfänge, denn sie helfen dir beim Zusammenfügen.
  c) Vergleiche das Rezept anschließend mit einer Mitschülerin oder einem Mitschüler.

Ein typisch deutsches Rezept kennenlernen

Interview: Was ist deutsche Küche?

Unser Reporter interviewt den Koch Anton Hofmann in seinem Restaurant „Altes Poststübchen" in Düsseldorf:

Reporter: *Sie geben immer wieder Kochkurse und kochen dort typische deutsche Gerichte. Erklären Sie bitte, was die deutsche Küche ist.*

Anton Hofmann: DIE deutsche Küche gibt es eigentlich nicht. Es gibt auch nicht DIE italienische oder DIE türkische Küche. Jede Region hat ihre eigenen Rezepte und verwendet ihre eigenen regionalen Zutaten. So konnten viele sehr unterschiedliche Gerichte entstehen. Die Rezepte in deutschen Restaurants sind manchmal alte Familienrezepte.

Reporter: *Geben Sie uns bitte einige Beispiele für alte deutsche Gerichte!*

Anton Hofmann: Gerne. Ich erkläre auch kurz, wie die Gerichte gekocht werden:

- **Der Schmorbraten vom Rind**
  Das Rindfleisch wird erst angebraten und dann wird es in einer leckeren, dunklen Soße geschmort, also leicht gekocht. Dann schneidet man das Fleisch in Scheiben. Man isst den Schmorbraten oft mit Kartoffeln und Gemüse.
- **Leipziger Allerlei**
  Dieses Gericht besteht aus vielen Gemüsesorten, die gedünstet werden. Man isst es mit einer hellen Soße. Als Gemüse gehören Karotten, Kohlrabi, Blumenkohl, Erbsen, Bohnen und Spargel dazu. Dazu gibt es Kartoffeln und Fleisch, zum Beispiel den Schmorbraten vom Rind.
- **Paniertes Schweineschnitzel**
  Dünne Fleischscheiben vom Schwein werden paniert, d.h. zuerst in verrührtem Ei und dann in Semmelbröseln gewendet. Dann werden diese Scheiben in einer Pfanne in viel heißem Fett gebacken. Dazu isst man Kartoffeln und Gemüse.

Reporter: *Also wird oft Fleisch mit Gemüse und Kartoffeln kombiniert?*

Anton Hofmann: Genau! In der deutschen Küche wird oft Fleisch verarbeitet, meist Schwein und Rind. Und als Beilage gibt es oft Kartoffeln.

Reporter: *Das hört sich sehr lecker an. Vielen Dank für das Gespräch.*

1. Lies das Interview.
   a) Unterstreiche alle Wörter, die du nicht kennst.
   b) Schlage die unterstrichenen Wörter in einem Wörterbuch nach.
   c) Schreibe sie in deiner Sprache in dein Vokabelheft.

2. Beantworte anschließend folgende Fragen mithilfe des Textes und schreibe die Antworten in dein Heft.
   - **Wer wird interviewt?**
   - **Wo wird das Interview geführt?**
   - **Worüber wird gesprochen?**
   - **Was ist das Besondere an der deutschen Küche?**

Was ist eine Vorschrift? (1/2)

Eine **Vorschrift** ist ein Text mit **Regeln**, die alle beachten müssen. Eine Vorschrift sollte **eingehalten** werden, damit **Gefahren** oder **Streitpunkte** abgewendet werden können.
Sie **regelt** das **Zusammenleben** an einem bestimmten Ort oder für eine bestimmte Gruppe. Auch **Gesetze** sind Vorschriften.

Aufbau und Formulierungen

Vorschriften sind **sehr sachlich** formuliert. Sie enthalten **keine persönlichen Meinungen**. Sie sind sehr **detailliert**, damit keine Missverständnisse entstehen und alle **wichtigen Punkte** beachtet werden. Vorschriften enthalten **Gebote**, die sagen, was erlaubt ist, aber auch **Verbote**, die sagen, was nicht gestattet ist.
Eine Vorschrift beinhaltet meistens verschiedene **Punkte oder Paragrafen** (Paragrafenzeichen: §). Sie werden nacheinander aufgelistet und meistens nummeriert.

BEISPIEL:

§ 1...	oder	1. oder	Punkt 1
§ 2...		2.	Punkt 2
§ 3...		3.	Punkt 3

Grammatik

Nominalstil

Verordnungen schreibt man oft im **Nominalstil**. Dabei wird der **Infinitiv des Verbs** mit dem **Artikel „das"** kombiniert und **großgeschrieben**. So wird das Verb zu einem **Nomen**.

BEISPIEL:

Verb: abstellen → **Das Abstellen** von Kinderwagen im Hausflur ist verboten.

Verb: spielen → **Das Spielen** im Treppenhaus ist nicht gestattet.

Hilfsverben

In einer Verordnung werden außerdem oft Regeln genannt, die unbedingt eingehalten werden müssen oder die sagen, was nicht gemacht werden darf. Dazu wird häufig mit Hilfsverben gearbeitet. Das Hilfsverb **„müssen"** weist auf das unbedingte Einhalten hin.
Die Hilfsverben **„dürfen"**, **„können"** und **„sollen"** sagen, dass eine Erlaubnis vorliegt. Wenn der Partikel „nicht" zusätzlich benutzt wird, erhält man ein Verbot.

BEISPIEL:

Die Haustür **muss** nach 22:00 Uhr abgeschlossen werden./Die Waschküche **muss nicht** verschlossen werden.

Die Waschküche **darf** von jedem Mieter genutzt werden./Kinder **dürfen** in der Mittagspause **nicht** im Garten spielen.

Die Fahrräder **können** im Hof abgestellt werden./ Die Waschküche **kann nicht** als Trockenraum genutzt werden.

Die Briefkästen **sollen** immer frei zugängig sein./ Altpapier **soll nicht** in der Restmülltonne entsorgt werden.

Was ist eine Vorschrift? (2/2)

Beispieltextsorte: Die Hausordnung

Eine Hausordnung ist eine **Sammlung von Regeln**, die für ein bestimmtes Gebäude gilt. Sie regelt das **Zusammenleben** und **Arbeiten** der Personen an diesem Ort. Die Regeln erleichtern auch die **Nutzung des Gebäudes**. Sie müssen von allen anerkannt werden.

Hausordnungen gibt es zum Beispiel für:

- Kaufhäuser und Supermärkte
- Schulen und Kindergärten
- Krankenhäuser
- Kirchen und andere Sakralgebäude
- Mietshäuser
- Kinos und Theater
- Restaurants
- Schwimmbäder und Saunen

Wortschatzarbeit (1/2)

Wortschatzliste

Nomen

das Gebäude
das Gebot
das Gelände
das Gesetz
das Schulgebäude
das Verbot
das Zusammenleben
der Geltungsbereich
der Paragraf
der Punkt
der Sportplatz
der Streitpunkt
die Anweisung
die Aufgabe
die Bestimmung
die Erlaubnis
die Gefahr
die Gefährdung
die Hausordnung
die Kontrolle
die Nutzung
die Regel
die Regelung
die Rücksicht
die Rücksichtnahme
die Sammlung
die Schule
die Schulordnung
die Sporthalle
die Verordnung
die Vorgabe
die Vorschrift

Verben

regelmäßige Verben:
beachten
erlauben
informieren
ordnen
regeln
respektieren
strukturieren

unregelmäßige Verben:
gelten
verbieten
verstoßen

trennbare Verben:
abstellen
einhalten

Adjektive

detailliert
gültig
informativ
sachlich
üblich

1. In der Wortschatzliste findest du alle wichtigen Wörter zum Thema Hausordnung.
a) Schlage die Wörter in einem Wörterbuch nach.
b) Schreibe alle Wörter in deiner Sprache in dein Vokabelheft.
c) Lerne die Wörter auswendig und lass dich von einer Partnerin oder einem Partner abfragen.

Wortschatzarbeit (2/2)

2. Vorschriften sind oft schwer zu verstehen, weil schwierige Wörter enthalten sind. Die Aussprache ist daher wichtig, wenn du diese Regeln erklären willst.
a) Übe die Aussprache folgender Wörter der Wortschatzliste:

Geltungsbereich – Zusammenleben – Paragraf – Gefährdung

b) Sprich die Wörter deinem Lehrer oder deiner Lehrerin vor und lass dich verbessern.

Tipp: Wenn du nachlesen willst, wie ein Wort ausgesprochen wird, wie es betont wird, oder wenn du allgemeine Informationen zu einem Wort suchst, hilft dir folgende Seite im Internet immer weiter: duden.de

3. Unter den Verben der Wortschatzliste sind schwierige Wörter, die aus einer anderen Sprache stammen.
a) Bilde Sätze mit den folgenden Verben:

informieren – strukturieren – respektieren

b) Lies die Sätze deinen Mitschülerinnen und Mitschülern vor. Hast du die Verben korrekt benutzt?

4. Hier findest du einzelne Satzteile mit Wörtern der Wortschatzliste. Verbinde die zusammengehörenden Satzteile zu korrekten Sätzen. Unterstreiche die Hilfsverben!

Die Klassenräume können	der Schulleiter erteilen.
Die Sporthalle darf nur	bei einer Verletzung informiert werden.
Das Sekretariat muss	in die Geschirrabgabe gestellt werden.
Die Erlaubnis darf nur	mit Hallenschuhen betreten werden.
Den Anweisungen der Lehrer muss	von den Schülern mitgestaltet werden.
Das Schulgelände darf in den Pausen nicht	die Schule zügig verlassen werden.
In der Sporthalle darf nicht	verlassen werden.
Auf dem Schulgelände darf nicht	gegessen und getrunken werden.
Bei Feueralarm muss	geraucht werden.
Benutztes Geschirr soll	Folge geleistet werden.

Eine Schulordnung untersuchen (1/2)

Auszug aus der Schulordnung der Heinrich-Heine-Schule

1. Geltungsbereich

Die Schulordnung gilt auf dem gesamten Schulgelände, im Sekretariat und in den Sporthallen. Sie muss auch auf Wandertagen oder Klassenfahrten beachtet werden.

2. Zusammenleben

Alle Schüler, Lehrer und die Schulmitarbeiter sollen rücksichtsvoll, höflich und hilfsbereit miteinander umgehen. So entsteht überall ein angenehmes Klima und alle Schüler können erfolgreich lernen. Folgende Punkte sollten für alle selbstverständlich sein:

a) Die Rücksichtnahme auf andere Personen

b) Der respektvolle Umgang mit anderen Personen

c) Das Verzichten auf Beschimpfungen und Beleidigungen

d) Die Achtung fremden Eigentums

3. Kleidung

Die Kleidung der Schüler muss zur Schule und zum Lernen passen. Da die Schule keine Sportveranstaltung ist, dürfen zum Beispiel Jogginghosen während des Unterrichts nicht getragen werden. Das Tragen von Kappen und Mützen ist im Unterricht ebenfalls nicht erlaubt.

4. Nutzung des Schulgeländes

Zum Schulgelände gehören die Schulgebäude, der Lehrerparkplatz und die Pausenhöfe. Sie dürfen wie folgt genutzt werden:

a) Das Parken auf dem Lehrerparkplatz ist nur Mitarbeitern der Schule gestattet. Schüler, Eltern und andere Personen dürfen nicht dort parken.

b) Fahrräder dürfen nur neben dem Tor des kleinen Schulhofs abgestellt werden. Sie müssen in den aufgestellten Fahrradständern angeschlossen werden.

c) Die Nutzung der Pausenhöfe ist nur während der Pausen und während Freistunden gestattet. Außerhalb der Schulzeit dürfen die Höfe nicht genutzt werden.

1. Lies die Schulordnung.
   a) Unterstreiche alle Wörter, die du nicht kennst.
   b) Schlage die unterstrichenen Wörter in einem Wörterbuch nach.
   c) Schreibe sie in deiner Sprache in dein Vokabelheft.

2. Unterstreiche die Wörter des Wortspeichers im Text.

Schulmitarbeiter – respektvoll – Lehrerparkplatz – Schulgelände – Kleidung – Beschimpfungen – Fahrradständer – Sporthallen – Klima – Klassenfahrten – Sportveranstaltung – Freistunden – Sekretariat – Unterricht – Eigentum

Eine Schulordnung untersuchen (2/2)

3. Unterstreiche alle Formulierungen im Nominalstil rot und alle Formulierungen mit einem Hilfsverb blau. Vergleiche deine Markierungen mit einem Mitschüler oder einer Mitschülerin.

4. Formuliere eigene Gebote und Verbote für den Schulalltag.

a) Benutze den Nominalstil.

BEISPIEL: Das Rennen im Treppenhaus ist verboten.

Suche Regeln zu folgenden Situationen:

- während des Unterrichts aufstehen und herumlaufen
- auf der Treppe bei Feueralarm laufen
- Schulgelände verlassen
- Kappen und Mützen während des Unterrichts tragen

b) Benutze die Hilfsverben „dürfen" und „sollen" mit dem Partikel „nicht".

BEISPIEL: Schüler dürfen auf dem Schulgelände nicht rauchen.

Suche Regeln zu folgenden Situationen:

- Hallenschuhe außerhalb der Sporthallen benutzen
- in die Klasse rufen ohne Aufforderung durch den Lehrer
- sich mit dem Nachbarn während des Unterrichts unterhalten
- gewalttätig gegenüber Mitschülern werden

c) Benutze die Hilfsverben „dürfen", „sollen", „können" und „müssen".

BEISPIEL: Alle Schüler müssen pünktlich zum Unterricht erscheinen.

Suche Regeln zu folgenden Situationen:

- leises Helfen bei Fragen des Nachbarn
- alle Schulsachen mitbringen
- im Unterricht leise sein
- in der Mittagspause ihre Handys benutzen

5. ★ Schreibe Regeln für eure Klasse auf, die du wichtig findest. Arbeite mit dem Infoblatt und benutze die Hilfsverben und den Nominalstil.

Eine Büchereiordnung verfassen (1/2)

Jessica, Ahmet, Jekta und Richard sind Schüler der Rhein-Realschule in Xanten. Sie wollen zusammen mit Frau Biasu, ihrer Lehrerin, eine Schülerbücherei an ihrer Schule einrichten. Sie überlegen, wie die Büchereiordnung für den neuen Raum sein soll:

Jessica: Es ist blöd, wenn wir jede Pause hier sein müssen. Wir brauchen feste Öffnungszeiten. Was haltet ihr davon, wenn wir nur montags, mittwochs und freitags in der Mittagspause die Bücherei öffnen?

Ahmet: Prima! Wir machen einen Aushang mit den Öffnungszeiten. Vielleicht können wir auch Kopien verteilen. Die kann jeder Lehrer in seinem Klassenraum aufhängen, dann sind alle Schüler informiert.

Jessica: Aber Essen und Trinken sollten wir verbieten, auch wenn Mittagspause ist. Das gibt sonst bestimmt eine große Sauerei. Außerdem müssen wir dann den ganzen Abfall entsorgen.

Jekta: Stimmt. Und wenn jemand sich ein Buch aussucht, dann darf er es aus dem Regal nehmen und sich in die Leseecke setzen.

Richard: Klar, aber es muss wieder an seinen Platz gestellt werden, wenn er es nicht ausleihen möchte. Sonst haben wir plötzlich die Krimis bei den Mangas stehen. Das geht gar nicht!

Jekta: Und wenn man mit Freunden hier ist, sollte man leise sein, denn einige Schüler sitzen bestimmt im Arbeitsbereich, um die Hausaufgaben zu machen.

Frau Biasu: In der Büchereiordnung sollte auch stehen, dass Bücher, die beschädigt wurden oder verloren gegangen sind, ersetzt werden müssen.

Richard: Ich finde, das reicht. Mehr als fünf Punkte sollte die Büchereiordnung nicht enthalten. Das kann sich sonst kein Schüler merken.

Frau Biasu: Stimmt! Wir haben die wichtigsten Punkte genannt. Das reicht.

1. Lies das Gespräch.
   a) Unterstreiche alle Wörter, die du nicht kennst.
   b) Schlage die unterstrichenen Wörter in einem Wörterbuch nach.
   c) Schreibe sie in deiner Sprache in dein Vokabelheft.

2. Arbeite mit dem Gespräch.
   a) Unterstreiche im Text, welche Regelungen die Schülerinnen und Schüler für die Bücherei wichtig finden.
   b) Fülle den Aushang für die Büchereiordnung mit den fünf Regeln aus. Arbeite mit dem Infoblatt, achte auf sachliche Formulierungen und verwende den Nominalstil und Hilfsverben.
   c) Vergleiche deine Formulierungen mit denen deiner Mitschülerinnen und Mitschüler. Habt ihr die Regeln sachlich formuliert? Habt ihr den Nominalstil und die Hilfsverben verwendet?

Eine Büchereiordnung verfassen (2/2)

Büchereiordnung

Unsere Bücherei ist ein Ort des Lesens, des Arbeitens und der Entspannung. Daher sollen folgende Regelungen eingehalten werden:

1. ....

2. ....

3. ....

4. ....

5. ....

Was ist eine Zeitung?

Eine Zeitung ist eine **Sammlung von Texten**. Sie erscheint regelmäßig, zum Beispiel jeden Tag oder einmal die Woche. In der Zeitung findet der Leser Texte zu **aktuellen Ereignissen**. Eine Zeitung wird auf **großem Papier gedruckt**. Sie wird gefaltet verkauft und meistens auch gefaltet gelesen. Es gibt aber auch **Online-Zeitungen** im Internet. Sie werden auf dem Computer oder auf dem Handy gelesen.

Zeitungstexte

Die Texte in einer Zeitung werden in **Spalten** abgedruckt. Die **Überschriften** werden **Schlagzeilen** genannt. Sie haben eine größere Schrift und sollen das **Interesse der Leserinnen und Leser** wecken. Zu einem Zeitungstext gehören oft auch **Fotos oder Grafiken**.
Die Texte werden **Artikel** oder **Zeitungsartikel** genannt. Die Artikel sind unterschiedlich lang und unterschiedlich aufgebaut.
Es gibt zum Beispiel **Meldungen**, **Nachrichten**, **Berichte**, **Leserbriefe**, **Interviews** oder **Rezensionen**.
Die meisten Artikel informieren **sachlich** über ein **Ereignis**. Das heißt, der **Journalist**, der den Text schreibt, berichtet nur über die **Tatsachen** (Was ist passiert? Warum ist es passiert? Welche Folgen gibt es? usw.). Seine eigene Meinung schreibt er nicht auf.

Zeitungsinhalte

Große Zeitungen bestehen oft aus **zwei Teilen**. Der eine Teil beschäftigt sich mit den typischen Zeitungsthemen, zum Beispiel mit **Politik**, **Wirtschaft**, **Sport** und mit den **lokalen Ereignissen** (Ereignisse aus der eigenen Stadt oder Region). Im zweiten Teil stehen Artikel zu **kulturellen Themen**, zum Beispiel zu **Theater**, **Musik**, **Literatur**, **Kunst**, **Reisen**. Diesen Teil nennt man **Feuilleton**. Hier sind die Texte nicht immer sachlich. Der Journalist schreibt auch seine **persönliche Meinung** zu einem Thema auf, zum Beispiel wie er einen Film findet.

Wortschatzarbeit (1/2)

Wortschatzliste

Nomen

das Ereignis
das Erscheinungsdatum
das Feuilleton
das Foto
das Interesse
das Interview
das Papier
das Thema
der Artikel
der Bericht
der Journalist,
die Journalistin
der Leser,
die Leserin
der Leserbrief
der Lokalteil
der Sport
der Text
die Grafik
die Information
die Kultur
die Meinung
die Meldung
die Nachricht
die Politik
die Schlagzeile
die Seite
die Spalte
die Tatsache
die Überschrift
die Wirtschaft
die Zeitung

Verben

regelmäßige Verben:
berichten
drucken
informieren
interviewen
recherchieren

unregelmäßige Verben:
lesen
schreiben

trennbare Verben:
abdrucken
aufblättern
umblättern
zustimmen

Adjektive

aktuell
informativ
lokal
objektiv
persönlich
sachlich
täglich
wöchentlich

1. In der Wortschatzliste findest du alle wichtigen Wörter zum Thema Zeitung.
- **a) Schlage die Wörter in einem Wörterbuch nach.**
- **b) Schreibe alle Wörter in deiner Sprache in dein Vokabelheft.**
- **c) Lerne die Wörter auswendig und lass dich von einer Partnerin oder einem Partner. abfragen.**

Wortschatzarbeit (2/2)

2. Bilde zu zehn Nomen der Wortschatzliste die Pluralform.
BEISPIEL: der Text – die Texte

3. Schreibe zu zehn Verben der Wortschatzliste die richtige Präsens-Form (Gegenwart) für jede Person in dein Heft. Wähle auch mindestens zwei unregelmäßige und zwei trennbare Verben aus. Benutze für die unregelmäßigen Formen ein Wörterbuch.

BEISPIEL:

Infinitiv	berichten	lesen (unregelmäßig)	zustimmen (trennbar)
1. Pers. Sg.	Ich berichte	Ich lese	Ich stimme zu
2. Pers. Sg.	Du berichtest	Du liest	Du ...

4. Ergänze die Erklärungen mit den Wörtern der Liste:

Zeitungsartikel werden von einem Journalisten geschrieben.

Das Sammeln und Suchen von Informationen nennt man ....

Um Informationen zu erhalten, kann ein Journalist einen Gesprächspartner auch .... Das abgedruckte Gespräch zwischen dem Journalisten und einer anderen Person nennt man ....

Die groß- und fettgedruckte .... eines Zeitungsartikels soll das Interesse wecken. Man nennt sie auch .... In den meisten Zeitungsartikeln steht nicht die Meinung des Journalisten. Diese Artikel sind .... geschrieben. Es werden dort nur die .... genannt.

Wenn ein Journalist in einer Rezension schreibt, wie er einen Film oder ein Theaterstück findet, schreibt er seine .... Meinung.

Wenn eine Zeitung einmal in der Woche erscheint, dann nennt man das ....

Alle Ereignisse aus dem Wohnort des Lesers findet man im ....

Eine Zeitung untersuchen

der Zeitungsname

die Werbeanzeige

die Überschrift

der Zeitungsartikel

der Lokalteil

die Spalte

der Sportteil

das Erscheinungsdatum

das Foto

der Leserbrief

der Preis

die Schlagzeile

der Name eines Journalisten

1. Arbeitet in Partnerarbeit: Schneidet die Fachwortpfeile aus. Klebt sie an die passenden Stellen eurer Zeitung.

Das braucht ihr für die Partnerarbeit:
- eine Tageszeitung
- Schere, Kleber
- Vokabelheft mit der Wortschatzliste in eurer Sprache

2. Besprecht anschließend in der Klasse, welche Stellen ihr gefunden habt.

Achtung: Manchmal findet ihr vielleicht keine passende Stelle für ein Fachwort in der Ausgabe eurer Zeitung!

3. ★ Welche Themengebiete gibt es noch in eurer Zeitung (außer dem Lokalteil und dem Sportteil)? Schreibt weitere Pfeile und ordnet sie den Zeitungsseiten zu.

Was ist eine Meldung?

Eine Meldung ist ein sehr **kurzer Informationstext**. Sie berichtet **sachlich** über ein **aktuelles Ereignis**. Eine Meldung besteht oft nur aus **drei oder vier Sätzen**. Sie wird deshalb auch **Kurzmeldung** genannt.

Die W-Fragen

Mit W-Fragen kann man nach Informationen fragen. Darum geben alle Informationstexte Antworten auf die wichtigsten W-Fragen. In einer Meldung werden diese Fragen beantwortet:
Was ist geschehen?
Wer war beteiligt?
Wann ist es geschehen?
Wo ist es geschehen?
Wie ist es geschehen? und/oder
Warum ist es geschehen?

Aufbau einer Meldung

Eine Meldung beginnt mit einer **fettgedruckten Überschrift**, die Leserinnen und Leser **neugierig** machen soll.
Im **Einleitungssatz** stehen die **wichtigsten Informationen**. Hier werden oft schon die ersten **vier W-Fragen** beantwortet: „**Wer** ...?", „**Was** ...?", „**Wann** ...?" und „**Wo** ...?".
In den nächsten Sätzen werden die **Informationen** noch **genauer** erklärt. Hier werden die Fragen „**Wie** ...?" und/oder „**Warum** ...?" beantwortet. Auch die Frage „**Was** ...?" wird oft noch einmal genauer geklärt.

Wortschatzarbeit (1/2)

Wortschatzliste

Nomen
das Ereignis
der Einleitungssatz
der Informationstext
die Information
die Meldung
die Überschrift
die W-Frage

Verben
regelmäßige Verben:
berichten
informieren
melden

Adjektive
aktuell
fettgedruckt
kurz
sachlich

Wortschatzliste zu den Meldungs-Texten

Nomen
das Fieber
das Gesundheitsamt
das Protokoll
das Schaufenster
der Fall
der Fleck
der Fußgänger,
die Fußgängerin
der Unfall
die Geschwindigkeit
die Impfpflicht
die Masern
die Nebenwirkung
die Polizei
die Schneeschicht
die Schwäche
die Umkleidekabine

Verben
regelmäßige Verben:
befreien
diskutieren
erwarten
impfen
melden
öffnen
rutschen
staunen
trocknen
verletzen
verwüsten
warnen

unregelmäßige Verben:
fahren
fressen

trennbare Verben:
anhalten
ausbrechen
vorhersagen
zusammenbrechen

Adjektive
automatisch
erhöht
glatt
jung
ungewöhnlich
unverantwortlich
versehentlich

1. In der Wortschatzliste findest du alle wichtigen Wörter zum Thema Meldung und zu den Texten dieses Kapitels.
   a) Schlage die Wörter in einem Wörterbuch nach.
   b) Schreibe alle Wörter in deiner Sprache in dein Vokabelheft.
   c) Lerne die Wörter auswendig und lass dich von einer Partnerin oder einem Partner abfragen.

Wortschatzarbeit (2/2)

2. Bilde zu zehn Nomen der Wortschatzliste die Pluralform. Benutze ggf. ein Wörterbuch.
BEISPIEL: die Meldung – die Meldungen

3. Suche zu den folgendem vier Begriffen jeweils fünf Wörter aus der gleichen Wortfamilie. Benutzte dazu ein Wörterbuch.
BEISPIEL: Wortfamilie fahren:
das Gefährt – die Fahrt – das Fahrrad – der Fahrstuhl – der Fahrer

Wortfamilie informieren: ....

....

Wortfamilie melden: ....

....

Wortfamilie kurz: ....

....

Wortfamilie sachlich: ....

....

4. Schreibe zu zehn Verben der Wortschatzliste die richtige Präsens-Form (Gegenwart) für jede Person in dein Heft. Wähle auch mindestens zwei unregelmäßige und zwei trennbare Verben aus. Benutze für die unregelmäßigen Formen ein Wörterbuch.

BEISPIEL:

Infinitiv	berichten	lesen (unregelmäßig)	zustimmen (trennbar)
1. Pers. Sg.	Ich berichte	Ich lese	Ich stimme zu
2. Pers. Sg.	Du berichtest	Du liest	Du ...

5. Bilde mit allen trennbaren Verben einen Satz im Präsens (Gegenwart).
BEISPIEL: zusammenbrechen → Der Verkehr bricht zusammen.

Meldungen untersuchen

Kunde im Schaufenster

Am Samstagabend machten Fußgänger in Frankfurt eine ungewöhnliche Entdeckung. In einem Schaufenster in der Innenstadt stand ein Mann und klopfte wie wild gegen die Scheibe. Die Polizei befreite ihn schließlich. Der junge Mann war in einer Umkleidekabine eingeschlafen und versehentlich eingesperrt worden.

Masernwelle in Köln

Seit Anfang des Jahres hat das Gesundheitsamt in Köln immer häufiger Masernfälle gemeldet. Besonders Kinder und alte Menschen sind betroffen. Die Krankheit äußert sich mit Fieber, Schwäche und den typischen roten Flecken. Masern können schwere Nebenwirkungen haben und sogar zum Tod führen. Daher wird eine Impfpflicht gegen Masern diskutiert.

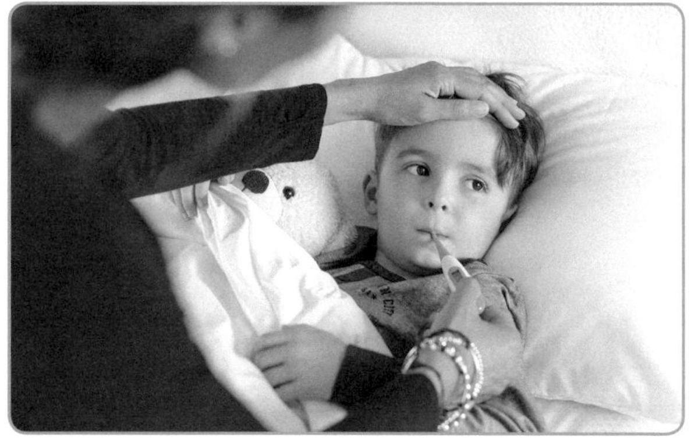

Schneesturm über dem Rheinland

Am Montagmorgen trauten die Bewohner von Leverkusen ihren Augen nicht. Auf den Straßen türmte sich eine 80 cm hohe Schneeschicht. Über Nacht hatte es kräftig geschneit. Der Verkehr brach zusammen, Busse stellten den Linienverkehr ein. Die Schulen bleiben weiter geschlossen.

Raser wollte sein Auto trocknen

Im bayerischen Bad Tölz stoppte die Polizei am Samstag einen Autofahrer. Er war mit erhöhter Geschwindigkeit in der Innenstadt gefahren. Die Begründung ließ die Beamten staunen. „Ich wollte nur mein Auto trocknen", gab der Mann zu Protokoll. Laut Polizei war der Fahrer mit 96 km/h unterwegs. Erlaubt sind 50 km/h.

1. Lies die Meldungen. Stelle an jede Meldung die W-Fragen. Unterstreiche die Antworten in verschiedenen Farben.

Was ist geschehen? → **blau**	**Wo** ist es geschehen? → **gelb**
Wer war beteiligt → **rot**	**Wie** ist es geschehen? → **orange**
Wann ist es geschehen? → **grün**	**Warum** ist es geschehen? → **grau**

Achtung: Es werden nicht immer alle Fragen beantwortet. Auf manche Fragen gibt es mehrere Antworten.

Meldungen schreiben

1. Schreibe eine eigene Meldung. Benutze dabei die Informationen aus der Tabelle:

Überschrift	Grippewelle in Berlin
Wann?	Ende Februar erste Meldungen
Was?	Grippewelle mit hohem Fieber
Wer?	Kinder und alte Menschen sind besonders gefährdet
Wo?	Großraum Berlin
Wie?	Übertragen der Viren durch Husten, Niesen und Kontakt mit Flächen, die Grippekranke berührt haben (zum Beispiel Einkaufswagen oder Türklinke)

2. Lies die Stichpunkte. Stelle an jede Meldung die W-Fragen. Unterstreiche die Antworten in verschiedenen Farben. Schreibe anschließend eigene Meldungen.

Was ist geschehen? → **blau**
Wer war beteiligt → **rot**.
Wann ist es geschehen? → **grün**
Wo ist es geschehen? → **gelb**
Wie ist es geschehen? → **orange**
Warum ist es geschehen? → **grau**

Achtung: Es werden nicht immer alle Fragen beantwortet.
Auf manche Fragen gibt es mehrere Antworten.

a) Überschrift: Gefälschtes Zeugnis im Bewerbungsschreiben
Juli 2019 – Bewerbung gefälscht – erste Bewerbung abgewiesen – Noten am Computer gefälscht – echtes Zeugnis lag Unternehmen noch vor – Fälschung wurde entdeckt – Bewerberin angezeigt

b) Überschrift: Hund rettet Frauchen
Montagabend – Ruhrgebiet – alte Dame – Gassigehen – gestürzt – Hund läuft 2 Kilometer – bellt Passant an – Passant begleitet Hund – leistet Erste Hilfe – Krankenwagen – Krankenhaus – gebrochenes Bein

c) Überschrift: Auffahrunfall durch Bremsmanöver – Entenfamilie gerettet
Samstagnachmittag – Auffahrunfall in der Talstraße am Ententeich – Anruf bei der Polizei – Entenmutter mit sieben Küken – Überquerung der Straße Richtung Teich – Bremsmanöver einer 20-jährigen Autofahrerin – Unfall – keine Verletzten – Polizei brachte Entenfamilie zum Teich

d) ★ Überschrift: Ursula von der Leyen wird EU-Kommissionspräsidentin
16.07.2019 – Wahl des neuen EU-Kommissionspräsidenten im Parlament in Straßburg – deutsche Kandidatin Ursula von der Leyen – Vorstellungsrede in Englisch, Französisch und Deutsch – Wahl mit absoluter Mehrheit trotz Kritik – von der Leyen verspricht, die EU in allen Bereichen zu fördern

3. Lies deine Meldungen deinen Mitschülerinnen und Mitschülern vor. Hast du die Merkmale einer Meldung berücksichtigt?

Was ist eine Nachricht?

Eine Nachricht ist ein **Informationstext**. Sie berichtet **sachlich** über ein **aktuelles Ereignis**. Eine Nachricht gibt nur die **wichtigsten Informationen** wieder. Sie ist aber länger als eine Meldung und füllt meistens **eine Zeitungsspalte**. Die Informationen sind ordentlich **recherchiert** und können **überprüft** werden. Eine Zeitungsnachricht wird auch **Artikel** genannt.

Die W-Fragen

Mit W-Fragen kann man nach Informationen fragen. Darum geben alle Informationstexte Antworten auf die wichtigsten W-Fragen.
In einer Nachricht werden diese Fragen beantwortet:
Was ist geschehen?
Wer war beteiligt?
Wann ist es geschehen?
Wo ist es geschehen?
Wie ist es geschehen?
Warum ist es geschehen?
Welche Folgen gibt es?
Woher stammen die Informationen?

Aufbau einer Nachricht

Eine Nachricht beginnt mit einer **fettgedruckten Überschrift in großer Schrift**. Die Überschrift wird durch einen **fettgedruckten Untertitel in kleinerer Schrift** ergänzt. Hier stehen erste **wichtige Informationen** zum Geschehen.
Im Text werden, genau wie bei der Meldung, die **wichtigsten Informationen** ganz **am Anfang** genannt. Die ersten **vier W-Fragen** „**Wer** ...?", „**Was** ...?", „**Wann** ...?" und „**Wo** ...?" werden beantwortet.
In den nächsten Sätzen werden die **Informationen** noch **genauer** erklärt und auch die **Folgen** genannt. Hier werden die restlichen **W-Fragen** beantwortet: „**Wie** ...?", „**Warum** ...?" und „**Welche** Folgen ...". Auch die Frage „**Was** ..." wird oft noch einmal im Detail beantwortet.

Ebenso muss die **Quelle** (also die Antwort auf die Frage „**Woher** stammen die Informationen?") in einer Nachricht genannt werden.
Einzelne **Zwischenüberschriften gliedern den Text** und fassen die **Abschnitte** zusammen.

Grammatik

Das Präteritum

Die Nachricht ist im **Präteritum** geschrieben. Das ist eine **Vergangenheitsform des Verbs**. Es zeigt an, dass ein Ereignis **abgeschlossen und vorbei** ist.

BEISPIELKONJUGATION: stürzen

1. Pers. Singular	Ich stürzt
2. Pers. Singular	Du stürz**test**
3. Pers. Singular	Er/Sie/Es stürz**te**
1. Pers. Plural	Wir stürz**ten**
2. Pers. Plural	Ihr stürz**tet**
3. Pers. Plural	Sie stürz**ten**

BEISPIELSÄTZE:
Gestern brannte die bekannte Pariser Kirche Notre-Dame. Da die Feuerwehr sehr schnell am Brandort eintraf, konnte sie die völlige Zerstörung der Kirche verhindern.

Wortschatzarbeit (1/2)

Wortschatzliste

Nomen
das Ereignis
der Artikel
der Autor,
die Autorin
der Informationstext
der Journalist,
die Journalistin
der Text
die Information
die Meldung
die Nachricht
die Quelle
die Spalte
die Überschrift
die W-Frage
die Zeitungsspalte

Verben
regelmäßige Verben:
berichten
beschäftigen
drucken
fordern
informieren
kritisieren
recherchieren
thematisieren
überprüfen
veröffentlichen

unregelmäßige Verben:
lesen
schreiben

Adjektive
aktuell
ordentlich
sachlich
wichtig

1. In der Wortschatzliste findest du alle wichtigen Wörter zum Thema Nachricht.
- **a) Schlage die Wörter in einem Wörterbuch nach.**
- **b) Schreibe alle Wörter in deiner Sprache in dein Vokabelheft.**
- **c) Lerne die Wörter auswendig und lass dich von einer Partnerin oder einem Partner abfragen.**

Wortschatzarbeit (2/2)

2. Schreibe zu zehn Verben der Wortschatzliste die richtige Präteritum-Form (Vergangenheit) für jede Person in dein Heft. Wähle auch zwei unregelmäßige Verben aus. Arbeite mit dem Infoblatt und benutze für die unregelmäßigen Formen ein Wörterbuch.

BEISPIEL:

Infinitiv	informieren	lesen (unregelmäßig)
1. Pers. Sg.	Ich informierte	Ich las
2. Pers. Sg.	Du informiertest	Du lasest

3. Schreibe die Verben aus der Wortschatzliste in der richtigen Personalform in die Lücken. Alle Verben stehen im Präteritum (Vergangenheit). Benutze ggf. ein Wörterbuch.

Wir ....lasen.......... *(lesen)* letzte Woche in der Schule einen Artikel aus der „Meppener Morgenpost". Die Nachricht .... *(beschäftigen)* sich mit einer Fotoausstellung junger Fotografen zum Ausbau des Hamburger Hafens. Dort .... *(thematisieren)* die jungen Leute die Umweltschäden, die durch die Bauarbeiten entstehen. Die Autorin des Textes .... *(recherchieren)*, dass auch geschützte Bereiche zerstört werden sollen. Auch über die Proteste der Anwohner des Hafens ....*(berichten)* sie. Die Journalistin ....*(schreiben)*, dass die Anwohner die Zerstörung der Uferbereiche .... *(kritisieren)*. Denn viele Tiere verlieren dadurch ihren Lebensraum. Die Menschen .... *(fordern)*, bestimmte Bereiche besonders zu schützen. Die „Meppener Morgenpost" .... *(drucken)* dazu mehrere Leserbriefe unter dem Artikel ab. Einige Tage später .... *(veröffentlichen)* die Zeitung eine Antwort der Hafenbehörde, die für den Ausbau verantwortlich ist. Sie .... *(informieren)* darüber, dass sie die Anregungen der Menschen überprüfen werde.

4. Stelle die W-Fragen an den Text aus Aufgabe 3. Unterstreiche die Antworten in verschiedenen Farben.

Was ist geschehen? → **blau**
Wer war beteiligt → **rot**
Wann ist es geschehen? → **grün**
Wo ist es geschehen? → **gelb**
Wie ist es geschehen? → **orange**
Warum ist es geschehen? → **grau**
Welche Folgen gibt es? → **lila**

Nachrichten untersuchen und schreiben (1/2)

Großbrand zerstört Notre-Dame in Paris

15.04.2019 – Paris. Die weltberühmte Kathedrale Notre-Dame in Paris stand am Montagabend in Flammen. Die Bewohner von Paris waren entsetzt.

Tausende Menschen standen Montagabend am Ufer der Seine, um sich dieses Ereignis anzuschauen. Sie konnten nicht glauben, was sie sahen. Notre-Dame, das Wahrzeichen von Paris, brannte. Viele Menschen machten mit ihren Handys Aufnahmen von der brennenden Kirche. Andere standen nur schweigend da. Die Pariser mussten hilflos mitansehen, wie das Wahrzeichen ihrer Stadt niederbrannte und der hölzerne Spitzturm in sich zusammenstürzte.

Waren Renovierungsarbeiten Auslöser dieser Katastrophe?
Am Dach der Kathedrale wurden am Tag des Brandes Schweißarbeiten vorgenommen. Ein Sprecher der Pariser Feuerwehr vermutet, dass ein Funke beim Schweißen zum Brand führte.

Feuerwehr leistete Unvorstellbares
Nach einer langen Nacht wussten alle, dass die Pariser Feuerwehr fast Unmögliches erreicht hatte. Die weltbekannte Hauptfassade mit den beiden Türmen blieb erhalten. Auch viele Kunstschätze konnten aus dem Inneren gerettet werden. Ganz Frankreich dankte den Feuerwehrleuten.

Renovierungsarbeiten werden sehr lange dauern
Welche Folgen der Brand für die weltberühmte Kathedrale hat, ist heute noch nicht absehbar. „Vermutlich wird der Wiederaufbau mehrere Jahre dauern. Welche Kosten auf uns zukommen, können wir noch nicht abschätzen!“, erklärten der Pariser Bürgermeister und die katholische Kirche in einem Interview.

1. **Lies die Nachricht.**
   a) **Unterstreiche alle Wörter, die du nicht kennst.**
   b) **Schlage die unterstrichenen Wörter in einem Wörterbuch nach.**
   c) **Schreibe sie in deiner Sprache in dein Vokabelheft.**

Nachrichten untersuchen und schreiben (2/2)

2. Arbeite mit der Nachricht.

a) Stelle die W-Fragen an den Text. Unterstreiche die Antworten in verschiedenen Farben.

Was ist geschehen? → **blau**
Wer war beteiligt → **rot**
Wann ist es geschehen? → **grün**
Wo ist es geschehen? → **gelb**
Wie ist es geschehen? → **orange**
Warum ist es geschehen? → **grau**
Welche Folgen gibt es? → **lila**
Woher stammen die Informationen? → **schwarz**

Achtung: Es werden nicht immer alle Fragen beantwortet.
Auf manche Fragen gibt es mehrere Antworten.

b) Beantworte die W-Fragen im Heft. Zeichne dazu eine Tabelle mit allen W-Fragen.

Was ist geschehen?	Die Kathedrale Notre-Dame ...
Wann ist es geschehen?	
...	

c) Vergleiche die Tabelle mit einer Partnerin oder einem Partner.

3. Schreibe eine eigene Nachricht.

a) Lies die Tabelle und schreibe mit den Informationen eine Nachricht. Überlege dir zuerst eine Überschrift. Beachte den Aufbau einer Nachricht. Arbeite dazu mit dem Infoblatt.

Was ist passiert?	Kreuzfahrtschiff rammt Brückenpfeiler
Wo ist es passiert?	Brücke vor der Kölner Altstadt
Wann ist es passiert?	Freitag, den 23.08.2019, 14:30 Uhr
Wer war beteiligt?	Kreuzfahrtschiff und drei Kinder im Ruderboot
Warum ist es passiert?	Kapitän musste einem Ruderboot mit drei Kindern ausweichen, dass in der Fahrrinne fuhr
Wie ist es geschehen?	Brückenpfeiler wurde beim Ausweichen gerammt
Welche Folgen hat das Ereignis?	Schäden am Bug des Schiffes und am Brückenpfeiler Passagiere müssen Kreuzfahrt mit einem anderen Schiff fortsetzen Brücke wird von Statikern überprüft und bleibt am Wochenende gesperrt
Woher stammen die Informationen?	Wasserschutzpolizei Köln

b) Lies deine Nachricht deinen Mitschülerinnen und Mitschülern vor. Sind alle W-Fragen berücksichtigt? Ist der Aufbau richtig?

4. Schaue dir am Abend die Nachrichten auf ARD oder ZDF im Fernsehen oder im Internet an. Notiere dir zu einer Meldung Stichpunkte zu allen W-Fragen. Schreibe anschließend mithilfe der Stichpunkte eine Zeitungsnachricht zu der Meldung.

Was ist ein Bericht?

In einem Bericht werden die Leserinnen und Leser **sachlich** und **wahrheitsgemäß** über ein **Ereignis informiert**. Ein Bericht ist **ausführlich** geschrieben. Er beschreibt auch die **Details** und **Hintergründe** eines Ereignisses. Berichte gibt es zum Beispiel in der **Zeitung** oder im **Fernsehen**. Man braucht sie aber auch für **Versicherungen**, bei der **Polizei** oder bei **Gericht**.

Die W-Fragen

Mit W-Fragen kann man nach Informationen fragen. Darum geben alle Informationstexte Antworten auf die wichtigsten W-Fragen. In einem Bericht werden diese Fragen beantwortet:
Was ist geschehen?
Wer war beteiligt?
Wann ist es geschehen?
Wo ist es geschehen?
Wie ist es geschehen?
Warum ist es geschehen?
Welche Folgen gibt es?
Woher stammen die Informationen?

Aufbau eines Berichts

Ein Bericht beginnt mit einer **fettgedruckten Überschrift in großer Schrift**. Der Aufbau eines Berichts erfolgt in der Einteilung **Einleitung – Hauptteil – Schluss**.

Einleitung:	**Wo** ist es geschehen? **Wann** ist es geschehen? **Was** ist geschehen? **Wer** war beteiligt?
Hauptteil:	**Was** ist geschehen? (im Detail) **Wie** ist es geschehen? **Warum** ist es geschehen? **Woher** stammen die Informationen?
Schluss:	**Welche** Folgen hat das Ereignis?

In **Zeitungsberichten** ist der Aufbau oft **etwas freier**. Hier finden sich auch **typische Elemente von Zeitungstexten**, wie **Untertitel** und **Zwischenüberschriften**.

Grammatik

Das Präteritum

Ein Bericht ist im **Präteritum** geschrieben. Das ist eine **Vergangenheitsform des Verbes**. Es zeigt an, dass ein Ereignis **abgeschlossen und vorbei** ist.

BEISPIELKONJUGATION: lernen

1. Pers. Singular	Ich lern**te**
2. Pers. Singular	Du lern**test**
3. Pers. Singular	Er/Sie/Es lern**te**
1. Pers. Plural	Wir lern**ten**
2. Pers. Plural	Ihr lern**tet**
3. Pers. Plural	Sie lern**ten**

BEISPIELSÄTZE: Gestern **ereignete** sich ein Unfall. Ein Radfahrer **verletzte** sich dabei schwer.

Beispieltextsorte: Der Unfallbericht

Ein **Unfallbericht** informiert die Leserinnen und Leser über einen **Unfall**, zum Beispiel einen Autounfall oder einen Unfall im Haus. Der Bericht wird zum Beispiel von der **Polizei** geschrieben. Oft wird dazu ein **Zeuge** befragt. Das ist jemand, der den Unfall beobachtet hat. Er berichtet der Polizei, was er gesehen und gehört hat.
Seine **Aussage** nennt man **Zeugenbericht**.

Wortschatzarbeit (1/2)

Wortschatzliste

Nomen
das Auto
das Fahrrad
das Krankenhaus
das Motorrad
das Verkehrsschild
der Fahrer,
die Fahrerin
der Fußgänger,
die Fußgängerin
der Gehweg
der Krankenwagen
der Lkw
der Notarzt,
die Notärztin
der Polizist,
die Polizistin
der Sanitäter,
die Sanitäterin
der Schock
der Streifenwagen
der Unfall
der Zeuge,
die Zeugin
der Zusammenprall
die Ampel
die Ausfahrt
die Aussage
die Beule
die Bushaltestelle
die Ecke
die Einfahrt
die Kreuzung
die Polizei
die Polizeiwache
die Straße
die Vorfahrt

Verben
regelmäßige Verben:
beobachten
blinken
bremsen
rasen
starten
stoppen
stürzen
überqueren
verletzen
warten

unregelmäßige Verben:
fahren
fallen
gehen
laufen
rennen
sehen
stehen
übersehen

trennbare Verben:
abbiegen
anfahren
anhalten
ankommen
aussagen
vorbeifahren
zusammenstoßen

Adjektive
langsam
schnell
unvorsichtig
verbeult
verbogen
vorsichtig

Maßeinheiten und Abkürzungen
km → Kilometer
Lkw → Lastkraftwagen
m → Meter
Pkw → Personenkraftwagen

1. In der Wortschatzliste findest du alle wichtigen Wörter zum Thema Unfallbericht.
a) Schlage die Wörter in einem Wörterbuch nach.
b) Schreibe alle Wörter in deiner Sprache in dein Vokabelheft.
c) Lerne die Wörter auswendig und lass dich von einer Partnerin oder einem Partner abfragen.

Wortschatzarbeit (2/2)

2. **Arbeite mit den Verben der Wortschatzliste.**
   a) **Übertrage die Tabelle in dein Heft.**
   b) **Suche dir aus der Wortschatzliste acht Verben aus. Trage zuerst die Infinitiv-Form ein. Schreibe dann die richtige Form für jede Person im Präteritum (Vergangenheit) dazu. Wähle auch mindestens zwei unregelmäßige und zwei trennbare Verben aus. Arbeite mit dem Infoblatt und benutze für die unregelmäßigen Formen ein Wörterbuch.**

Infinitiv	Präteritum (Vergangenheit)
blinken	Ich blinkte Du ...
fahren (unregelmäßig)	Ich fuhr Du ...
abbiegen (trennbar)	Ich bog ab Du ...

3. **Arbeite mit der Wortschatzliste.**
   a) **Bilde zu vier regelmäßigen Verben einen Satz im Präteritum (Vergangenheit) in der 3. Person Singular. Benutze ggf. ein Wörterbuch.**
   BEISPIEL: Er stürzte von Fahrrad.

   b) **Bilde mit vier unregelmäßigen Verben Sätze in der 3. Person Singular im Präteritum (Vergangenheit). Ergänze dazu immer den passenden Satz im Plural. Benutze ggf. ein Wörterbuch.**
   BEISPIEL: 3. Pers Singular → Das Kind rannte einfach auf die Straße.
   3. Pers. Plural → Die Kinder rannten einfach auf die Straße.

   c) **Lies die Sätze deinen Mitschülerinnen und Mitschülern vor. Passen die Sätze zusammen? Hast du die Zeiten richtig gebildet?**

4. **Arbeite mit den Adjektiven der Wortschatzliste.**
   a) **Bilde zu jedem Adjektiv die Steigerungsformen. Benutze ggf. ein Wörterbuch.**
   BEISPIEL: unvorsichtig – unvorsichtiger – am unvorsichtigsten

   b) **Bilde zu jedem Adjektiv einen passenden Satz.**
   BEISPIEL: Die Fahrradfahrerin fuhr schnell.

   c) **Lies die Sätze deinen Mitschülerinnen und Mitschülern vor. Passen die Sätze zusammen?**

Unfallskizze und Bericht untersuchen (1/2)

Am 31.05.2019 wollten Hayet Nasser und ihre Freundin Anne Winkler ein Geburtstagsgeschenk für eine Freundin kaufen. Sie kamen mit dem Bus um 14:45 Uhr an der Bushaltestelle „Einkaufszentrum" an. Der Bus fuhr weiter und die Mädchen wollten die Schulstraße Richtung Einkaufszentrum überqueren. Dabei wurden sie Zeuginnen eines Verkehrsunfalls.

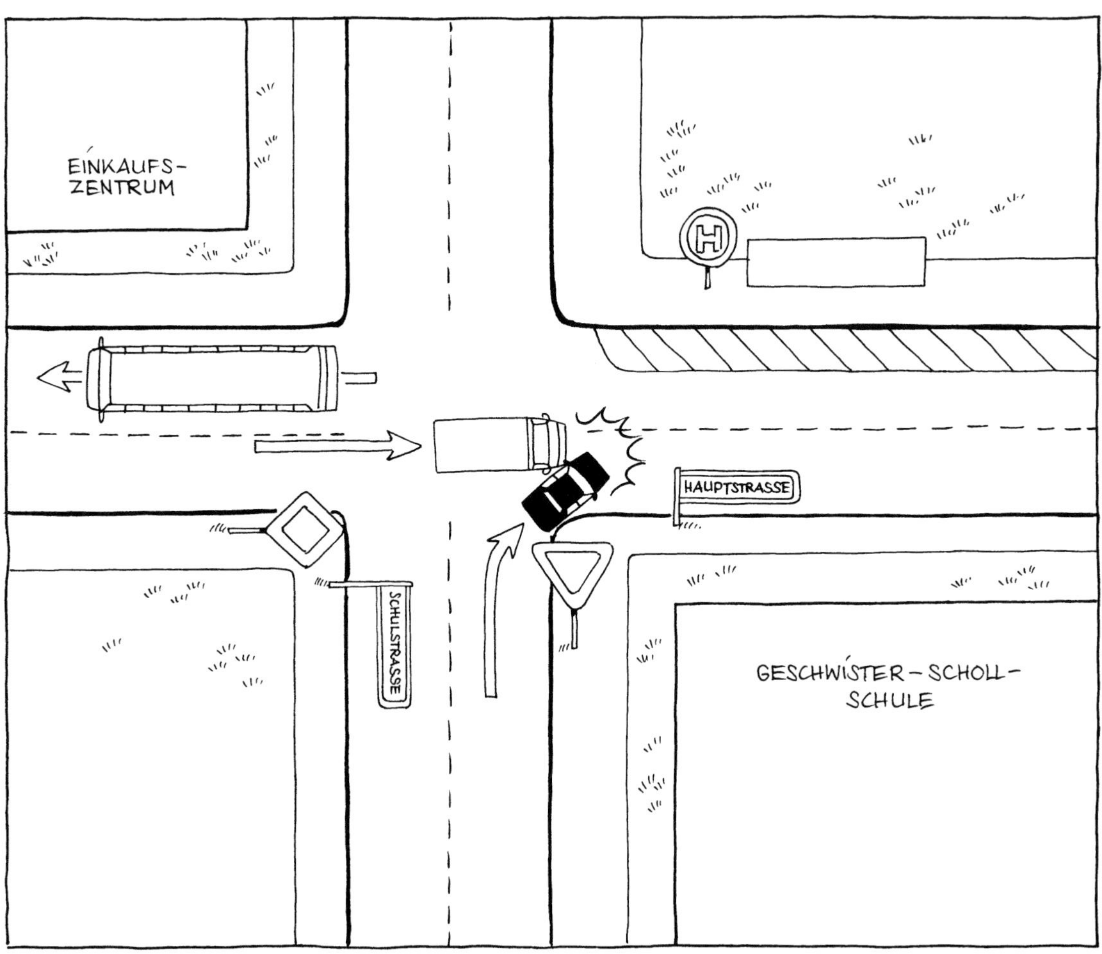

1. Lies den Text und schaue dir die Unfallskizze genau an.
Kreuze an, welche Aussage richtig ist:

- ☐ Der Unfall geschah um 15:00 Uhr.
- ☐ Der Unfall geschah am 30.05.2019.
- ☐ Der Lkw war weiß.
- ☐ Der Pkw war weiß.
- ☐ Der Lkw fuhr auf der Hauptstraße.
- ☐ Der Pkw fuhr auf der Hauptstraße.
- ☐ Der Lkw hatte Vorfahrt.
- ☐ Die Bushaltestelle liegt neben dem Einkaufszentrum.
- ☐ Hayet und Anne wollten die Schulstraße überqueren.
- ☐ Der Unfall geschah um 14:45 Uhr.
- ☐ Der Unfall geschah am 31.05.2019.
- ☐ Der Lkw war schwarz.
- ☐ Der Pkw war schwarz.
- ☐ Der Lkw fuhr auf der Schulstraße.
- ☐ Der Pkw fuhr auf der Schulstraße.
- ☐ Der Pkw hatte Vorfahrt.
- ☐ Die Bushaltestelle liegt dem Einkaufszentrum gegenüber.
- ☐ Hayet und Anne wollten die Hauptstraße überqueren.

Unfallskizze und Bericht untersuchen (2/2)

2. Ergänze die Sätze des Unfallberichts.

Am .... ereignete sich an der Ecke .... ein Verkehrsunfall. Um .... kam es zu einem Zusammenprall zwischen einem .... und einem .... Frau Barth fuhr im weißen .... auf der Hauptstraße Richtung Stadtmitte. Sie hatte Vorfahrt. Als sie die Kreuzung Hauptstraße/ Schulstraße überqueren wollte, nahm ihr ein schwarzer .... die Vorfahrt. Herr Yildirim, der Fahrer des .... wollte von der Schulstraße nach rechts in die .... abbiegen. Dabei übersah er den weißen .... Die Fahrerin des .... konnte nicht mehr rechtzeitig bremsen. Es kam zu einem Unfall mitten auf der Kreuzung. Der Fahrer des schwarzen .... wurde in seinem Fahrzeug eingeklemmt. Er musste von der Feuerwehr befreit werden. Die Fahrerin des .... erlitt einen Schock. Beide Personen wurden ins Krankenhaus gebracht. An den Fahrzeugen entstand ein hoher Sachschaden.

.... und .... waren Zeuginnen des Unfalls. Sie sagten bei der Polizei aus, was geschehen ist.

3. Unterstreiche im Unfallbericht aus Aufgabe 2 mit einem Farbstift, welche W-Fragen beantwortet werden.

Was ist geschehen? → **blau**
Wer war beteiligt → **rot**.
Wann ist es geschehen? → **grün**
Wo ist es geschehen? → **gelb**
Was ist geschehen? (im Detail) → **blau**
Wie ist es geschehen? → **orange**
Warum ist es geschehen? → **grau**
Welche Folgen gibt es? → **lila**
Woher stammen die Informationen? → **schwarz**

Achtung: Es werden nicht immer alle Fragen beantwortet.
Auf manche Fragen gibt es mehrere Antworten.

4. Schreibe an den Rand des Unfallberichts, wo die Einleitung, der Hauptteil und der Schluss ist. Vergleiche deine Ergebnisse anschließend mit einer Partnerin oder einem Partner.

Einen Bericht schreiben – Infos aus einer E-Mail

Schweitzer, Jana: **Jana2003@example.com** Fr 11.03.2020, 15:57

Hi Miran, du glaubst nicht, was mir eben passiert ist. Ich wurde Zeugin eines Unfalls.
Es war 12:50 Uhr und ich wartete in der Kanalstraße an der Haltestelle „Josef-Schule“ auf den Bus. Unsere Lehrerin, Frau May, wartete auch dort. Da fuhr Irina Antipov aus der 8a mit dem Skateboard auf dem Bürgersteig an der Bushaltestelle vorbei. Sie war richtig schnell. Da fuhr der Jürgen gerade rückwärts aus seiner Garage. Jürgen Müller ist unser Nachbar in der Kanalstraße. Irina war so schnell, dass sie nicht bremsen konnte. Sie raste direkt in das Auto hinein und stürzte. „Die hat sich bestimmt was gebrochen“, dachte ich erschrocken. Frau May rief sofort die Polizei und den Krankenwagen.
Der Notarzt untersuchte Irina und Herrn Müller. Dann nahmen die Sanitäter beide mit. Frau May und ich sind Zeuginnen des Unfalls. Darum mussten wir auf der Polizeiwache eine Aussage machen. Der Polizist war riesig nett. Er erzählte, dass Irina nur einige Schürfwunden hat. Herr Müller hat einen Schock und sein Auto hat eine Beule.
Am Schluss fuhr mich ein Streifenwagen nach Hause. Das war cool. Erst recht, als mein Bruder sah, welches Auto mich nach Hause brachte. Der war richtig neidisch.
Jetzt muss ich aber los. Mach es gut und schreib mir bald wieder!
Liebe Grüße
Jana

1. **Lies die E-Mail.**
   a) **Unterstreiche alle Wörter, die du nicht kennst.**
   b) **Schlage die unterstrichenen Wörter in einem Wörterbuch nach.**
   c) **Schreibe sie in deiner Sprache in dein Vokabelheft.**

2. **Unterstreiche mit einem Farbstift, welche W-Fragen in der E-Mail beantwortet werden.**

Was ist geschehen? → **blau**
Wer war beteiligt → **rot**.
Wann ist es geschehen? → **grün**
Wo ist es geschehen? → **gelb**
Was ist geschehen? (im Detail) → **blau**
Wie ist es geschehen? → **orange**
Warum ist es geschehen? → **grau**
Welche Folgen gibt es? → **lila**
Woher stammen die Informationen? → **schwarz**

Achtung: Es werden nicht immer alle Fragen beantwortet.
Auf manche Fragen gibt es mehrere Antworten.

3. **Schreibe einen Unfallbericht mit den Informationen aus der E-Mail. Orientiere dich am Lückentext der letzten Aufgabe und am Infoblatt.**
   Beginne so: Am 11.03.2020 ereignete sich auf dem Bürgersteig des Hauses Kanalstraße 12 ein Unfall …

Einen Bericht schreiben – Infos aus einem Gespräch (1/2)

Herr van Beer holte am 6. Juni 2019 um 12:00 Uhr seine 15-jährige Tochter Isabell von der Schule ab. Als sie einige Minuten später von der Sternstraße nach rechts in die Friesenstraße einbogen, wurden sie Zeugen eines Unfalls. Zu Hause berichten sie:

Frau van Beer: Na, ihr seid ja spät dran heute!

Herr van Beer: Ja, da war ein Unfall auf der Friesenstraße. Wir haben als Zeugen ausgesagt.

Isabell: Ein kleiner Junge ist verletzt worden. Krankenwagen und Polizei waren auch da.

Herr van Beer: Ich stand vorn an der Kreuzung und wartete, dass ich fahren konnte. Da ist der Junge auf dem Fahrrad einem Motorradfahrer direkt in den Weg gefahren!

Isabell: Stell dir vor, Mama, der Junge ist wie ein Irrer mit seinem roten Fahrrad aus der Sternstraße nach links in die Friesenstraße gerast! Der kam bestimmt vom Spielplatz. Der Motorradfahrer fuhr auf der Friesenstraße geradeaus Richtung Innenstadt. Er wollte noch ausweichen, aber da war es schon passiert! Ich habe genau gesehen, dass Marcus einfach in die Friesenstraße abgebogen ist. So heißt der Junge nämlich, Marcus Müller. Er ist gefahren, ohne nach rechts und links zu schauen! Angehalten hat er auch nicht.

Herr van Beer: Ja, das stimmt. Obwohl die meisten Motorradfahrer ja auch immer viel zu schnell fahren!

Isabell: Die Polizei sagte aber, dass der Motorradfahrer nicht schuld sei. Der fuhr auf der Vorfahrtsstraße.

Herr van Beer: Der arme Kleine. Wie der über den Lenker geflogen ist. Und dieser Aufprall! Zuerst dachte ich, er wäre bewusstlos. Aber dann begann er, zu weinen, und hielt sein Knie.

Isabell: Der Notarzt sagte, dass er nur eine große Platzwunde hat. Zur Vorsicht haben sie ihn aber ins Krankenhaus gebracht.

Herr van Beer: Zum Glück hatte der Motorradfahrer einen Helm auf. Der kam nämlich auch ins Rutschen und stürzte. Ihm ist nicht viel passiert, nur einen Schreck hat er bekommen. Das war übrigens der Badu, der Sohn von deinem Kollegen, Herrn Abebe.

Isabell: Ja, ganz blass war er und gezittert hat er auch. Da haben die Sanitäter ihn vorsichtshalber auch mit ins Krankenhaus genommen, weil er einen Schock erlitten hat.

Herr van Beer: Vielleicht ruft die Polizei noch mal an, falls sie noch Fragen zum Unfall hat. Sie hat uns direkt befragt und sich Notizen gemacht.

Isabell: Wir haben den Polizisten alles gesagt, was wir gesehen haben! Wir sind Zeugen.

Frau van Beer: Und was war mit dem Motorrad und dem Fahrrad? Bestimmt total verbeult, oder?

Isabell: Die Polizei meinte, bis auf ein paar Kratzer wäre das Motorrad in Ordnung. Das Fahrrad war aber total verbogen. Ein Polizist sagte sogar, es wäre ein Totalschaden.

Frau van Beer: Ach, der Schaden ist doch egal. Hauptsache, niemandem ist etwas Schlimmes passiert!

Einen Bericht schreiben – Infos aus einem Gespräch (2/2)

1. **Lies das Gespräch.**
   a) **Unterstreiche alle Wörter, die du nicht kennst.**
   b) **Schlage die unterstrichenen Wörter in einem Wörterbuch nach.**
   c) **Schreibe sie in deiner Sprache in dein Vokabelheft.**

2. **Unterstreiche dann im Text:**

Was ist geschehen? → **blau**
Wer war beteiligt → **rot**.
Wann ist es geschehen? → **grün**
Wo ist es geschehen? → **gelb**
Was ist geschehen? (im Detail) → **blau**
Wie ist es geschehen? → **orange**
Warum ist es geschehen? → **grau**
Welche Folgen gibt es? → **lila**
Woher stammen die Informationen? → **schwarz**

> **Achtung:** Es werden nicht immer alle Fragen beantwortet.
> Auf manche Fragen gibt es mehrere Antworten.

3. **Übertrage die Tabelle in dein Heft und ergänze die Informationen.**

Einleitung:	
Was ist geschehen?	
Wo ist es geschehen?	
Wann ist es geschehen?	
Wer war beteiligt?	
Hauptteil:	
Was ist im Detail geschehen?	
Wie ist es geschehen?	
Warum ist es geschehen?	
Woher stammen die Informationen?	
Schluss:	
Welche Folgen hat das Ereignis?	

4. **Arbeite mit der ausgefüllten Tabelle aus Aufgabe 3 und dem Infoblatt.**
   a) **Schreibe einen Unfallbericht.**
   Beginne so: Am 06.06.2019 ereignete sich auf der Friesenstraße an der Ecke Sternstraße ein Verkehrsunfall ...

   b) **Lies den Bericht deinen Mitschülerinnen und Mitschülern vor. Hast du alle W-Fragen beantwortet? Hast du den Aufbau eingehalten?**

5. ★ **Es gibt verschiedene Arten von Berichten. Überlege dir, zu welchem Ereignis (zum Beispiel ein Streit) du einen Bericht schreiben möchtest. Achte auf die Kriterien.**

Was ist ein Brief?

Ein **Brief** ist eine schriftliche **Mitteilung**. Er wird meist mit der **Post versendet**. Er kann aber auch per **E-Mail verschickt** werden. Es gibt **persönliche** Briefe, zum Beispiel an einen Freund oder Verwandten. Man nennt sie **formlos**, weil sie keine besondere **Form (Aufbau)** benötigen.
Es gibt aber auch **offizielle Briefe** an unbekannte Personen, zum Beispiel **Geschäftsbriefe**, **Briefe an Behörden** oder **Leserbriefe**.
Bei diesen Briefen muss eine bestimmte **Form** eingehalten werden.

Aufbau eines Briefes

Ein offizieller Brief sollte immer in dieser Form aufgebaut sein:

1. **eigene Adresse**
2. **Datum**
3. **Adresse des Empfängers**
4. **Betreffzeile**
5. **Anrede**
6. **Inhalt des Briefs**
7. **Grußformel**
8. **Unterschrift**

Beispieltextsorte: Der Leserbrief

Ein **Leserbrief** ist ein **Brief**, der an eine **Zeitungsredaktion** geschrieben wird. Der Schreiber **antwortet** darin auf einen **Zeitungsartikel**. Er schreibt seine **eigene Meinung** dazu. Leserbriefe werden in der Zeitung **abgedruckt**.

Aufbau eines Leserbriefs

Ein Leserbrief enthält alle Merkmale eines Briefes und ist wie ein offizieller Brief aufgebaut. Dazu kommen noch typische Merkmale, die nur ein Leserbrief hat:

Betreffzeile:
In der Betreffzeile steht, auf welchen **Zeitungsartikel (Überschrift des Artikels)** in welcher **Zeitung (Name der Zeitung)** von welchem **Tag (Datum)** sich der Leserbrief bezieht. Diese Zeile hilft der Zeitungsredaktion, den Leserbrief zuzuordnen. Sie wird in der Regel **nicht mit abgedruckt**.

Überschrift:
Ein Leserbrief hat, anders als andere Briefe, auch eine Überschrift. Die Überschrift wird in der Zeitung abgedruckt. Sie sollte den Leser **neugierig** machen.

Einleitung:
In der Einleitung steht noch einmal, auf **welchen Zeitungsartikel** sich der Leserbrief bezieht. Anschließend wird kurz beschrieben, **worum es** in dem Artikel **geht**.

Hauptteil:
Im Hauptteil schreibt der Autor des Leserbriefs seine eigene **Meinung** zum Thema des Zeitungsartikels. Wer einen Leserbrief schreibt, kann dem Artikel **zustimmen** oder ihn **ablehnen**. Man sagt, er **nimmt Stellung** zum Artikel. Der Schreiber arbeitet mit Argumenten. Das heißt, er muss seine Meinung immer mit einem Beleg oder Beispiel begründen.

Schluss:
Am Schluss wird die eigene Meinung noch einmal **zusammengefasst**. Es kann auch eine **Forderung** gestellt werden.

Unterschrift:
Ein Leserbrief endet, wie jeder Brief, mit dem eigenen **Namen**. Allerdings wird hier noch der **Wohnort** des Schreibers ergänzt. Wer nicht möchte, dass sein vollständiger Name veröffentlicht wird, sollte das dazuschreiben.

Wortschatzarbeit (1/2)

Wortschatzliste

Nomen
das Argument
das Beispiel
das Datum
das Thema
der Artikel
der Beleg
der Brief
der Leser,
die Leserin
der Leserbrief
der Schreiber,
die Schreiberin
die Adresse
die Betreffzeile
die Forderung
die Grußformel
die Meinung
die Post
die Unterschrift

Verben
regelmäßige Verben:
antworten
begründen
beurteilen
(sich) beziehen
kommentieren
kritisieren
verfassen
veröffentlichen
verschicken
versenden

unregelmäßige Verben:
lesen
schreiben

trennbare Verben:
abdrucken
ablehnen
anregen
zusammenfassen
zustimmen

Adjektive
formlos
kritisch
kurz
offiziell
persönlich
sachlich
unsachlich
vorurteilsfrei

Formulierungen, die eine Meinung ausdrücken
Der Punkt ist, dass ...
Es ist klar/offensichtlich, dass ...
Meiner Meinung/Erfahrung nach ...
Ich bin (nicht) der Meinung ...
Ich gebe Ihnen (nicht) Recht, dass ...
Ich denke/glaube/bin mir sicher, dass ...
Ich bin geteilter/anderer/gleicher Meinung, denn ...
Auf der einen Seite ... auf der anderen Seite
Deshalb denke ich (nicht), ...
Sie haben nicht bedacht, dass ...
Folgende Punkte/Fakten haben Sie nicht berücksichtigt: ...
Zusammenfassend kann man sagen, dass ...

1. In der Wortschatzliste findest du alle wichtigen Wörter zum Thema Leserbrief. Die Formulierungen helfen dir, deine Meinung auszudrücken.
a) Schlage die Wörter in einem Wörterbuch nach.
b) Schreibe alle Wörter in deiner Sprache in dein Vokabelheft.
c) Übertrage die Formulierungen auf eine Extra-Seite in dein Vokabelheft.
d) Schreibe die Bedeutung in deiner Sprache daneben.
e) Lerne die Wörter und Formulierungen auswendig und lass dich von einer Partnerin oder einem Partner abfragen.

Wortschatzarbeit (2/2)

2. Lies dir die Wortschatzliste noch einmal durch. Decke die Liste dann ab und schreibe so viele Begriffe wie möglich auf. Du hast 2 Minuten Zeit. Vergleiche deine Wortliste mit einem Partner. Sind Rechtschreibfehler vorhanden? Wer hat die meisten Wörter gefunden?

3. Arbeite mit den Formulierungshilfen.

a) Stimme den Aussagen zu! Schreibe jeweils eine passende Formulierung in die Lücke.

....

....,

dass Schulbücher überflüssig werden, wenn die Schüler ein E-Book benutzen können.

....

....,

dass der Unterricht mithilfe des Internets für Schüler interessanter sein kann als mit den traditionellen Schulbüchern.

....

....,

dass Handys im Unterricht genutzt werden sollten, weil fast jeder Schüler ein Handy besitzt.

b) Kritisiere die Aussagen! Schreibe jeweils eine passende Formulierung in die Lücke.

....

....,

dass Handys im Unterricht benutzt werden sollen, weil die Schüler damit sehr schnell auf Inhalte gehen, die nichts mit Schule zu tun haben.

....

....,

dass nur mit konsequentem Vokabeltraining eine Fremdsprache von Grund auf gelernt werden kann.

....

....,

dass Hausaufgaben abgeschafft werden sollen, weil die Schüler ohne sie keine Möglichkeit zum Üben haben.

Argumente formulieren

1. Ergänze die Sätze.

a) Formuliere eine persönliche Meinung. Stimme dabei einmal zu und lehne einmal ab.

Ich bin der Meinung, dass Rauchen in Gegenwart von Kindern ....

....

....

Der Punkt ist, dass Rauchen in Gegenwart von Kindern ....

....

....

Ich bin überzeugt davon, dass Handys in der Schule ....

....

Ich bin mir sicher, dass Handys in der Schule ....

....

b) Begründe die Meinung.

Meiner Meinung nach sollte Rauchen verboten werden, wenn Kinder anwesend sind, denn

....

....

Meiner Meinung nach sollte Rauchen auch in Anwesenheit von Kindern erlaubt sein, denn

....

....

Ich bin der Meinung, dass Handys in der Schule verboten sein sollten, denn ....

....

....

Ich bin nicht der Meinung, dass Handys in der Schule verboten sein sollten, denn ....

....

....

Den Aufbau eines Leserbriefs untersuchen

Paul Muster Stadtstraße 110 50670 Köln	EIGENER NAME UND ANSCHRIFT
Köln, den 30.09.2019	ORT UND DATUM
Kölner Tageblatt Redaktion „Lokales" Zeitungstraße 2–8 50667 Köln	ADRESSE DER ZEITUNG
Leserbrief zum Artikel „…" aus dem Kölner Tageblatt **Überschrift** Sehr geehrte Damen und Herren der Redaktion,	BETREFFZEILE ÜBERSCHRIFT ANREDE
ich beziehe mich auf Ihren Artikel „…" aus dem „Kölner Tageblatt" vom …. In Ihrem Artikel schreiben Sie, dass …	EINLEITUNG
Ich bin allerdings anderer Meinung, denn … Auch in der Dokumentation „…" vom … wurden Ihre Argumente widerlegt, da… **Oder:** Ich stimme Ihnen zu, denn … Auch der Artikel „…" vom … stützt Ihre Argumente … **Oder:** Ich gebe Ihnen Recht, dass … Auf der anderen Seite würde ich Ihnen in dem Punkt widersprechen, dass …	HAUPTTEIL (mit Argumenten und Belegen)
Zusammenfassend möchte ich noch bemerken, dass … Ich hoffe, dass ich mit meinen Argumenten einige Leser zum Nachdenken gebracht habe und sie ihr Verhalten noch einmal überdenken.	SCHLUSS (mit Zusammenfassung und Forderung)
Mit freundlichen Grüßen *Paul Muster, Köln* *Ich bitte, meinen Namen nur mit den Anfangsbuchstaben abgekürzt zu verwenden.*	GRUSSFORMEL UND UNTERSCHRIFT (mit Wohnort und Hinweis auf Veröffentlichung des Namens)

1. Lies dir den Aufbau eines Leserbriefs genau durch.
   a) Unterstreiche alle Wörter, die du nicht kennst.
   b) Schlage die unterstrichenen Wörter in einem Wörterbuch nach.
   c) Schreibe sie in deiner Sprache in dein Vokabelheft.

Leserbriefe untersuchen und verfassen (1/2)

Kira Navid
Hauptstraße 617
50170 Köln

Köln, den 30.09.2019

Schülerredaktion „Rhein to Go"
Rheinweg 95
50170 Köln

Leserbrief zum Artikel „Taekwondo-AG eingestellt" aus der Ausgabe 9/2019

Liebe Schülerredaktion,
ich beziehe mich auf euren Artikel „Taekwondo-AG wird eingestellt" aus der Septemberausgabe 2019 unserer Schülerzeitung „Rhein to Go". Dort wurde berichtet, dass die Taekwondo-AG nicht mehr stattfindet, weil unsere Direktorin befürchtet, dass die Teilnehmer bei Streit die Kampftechniken anwenden.
Ich bin nicht ihrer Meinung. Ich bin selbst in der AG. Daher weiß ich, dass uns dort Fairness und Disziplin beigebracht wird. Wir wissen, dass Tritte und Schläge nur in einem offiziellen Kampf oder im Training angewendet werden dürfen. Das stand auch in dem Info-Heft, das wir vom 1. Kölner Taekwondo-Club erhalten haben.
Unsere Direktorin Frau Bergmann denkt, dass Konflikte in der Schule durch Taekwondo vermehrt mit Gewalt gelöst werden. Nachdem Marc S. aus der AG einen anderen Schüler angriffen hat, ist das verständlich. Er wurde danach aber sofort vom Taekwondo ausgeschlossen, denn er hat gegen unsere Regeln verstoßen.
Wir Taekwondo-Schüler werden Marcs Fehler bestimmt nicht wiederholen.
Frau Bergmann hat nicht bedacht, dass Taekwondo eine gute Möglichkeit zur Verteidigung ist, insbesondere für Mädchen. Wenn sie sich im Notfall selbst verteidigen können, treten sie viel selbstbewusster auf. In einem Gespräch mit Frau Betz, der Kommissarin im Bereich Jugend- und Opferschutz, haben wir erfahren, wie wichtig es ist, das Selbstbewusstsein der Mädchen zu stärken. Nur so lässt sich verhindern, dass sie zu Opfern werden.
Zusammenfassend möchte ich sagen, dass es aus den genannten Gründen sehr wichtig ist, die Taekwondo-AG bestehen zu lassen. Ich hoffe, Frau Bergmann versteht das.

Viele Grüße
Eure Kira Navid (10c)

1. Lies den Leserbrief.
   a) Unterstreiche alle Wörter, die du nicht kennst.
   b) Schlage die unterstrichenen Wörter in einem Wörterbuch nach.
   c) Schreibe sie in deiner Sprache in dein Vokabelheft.

Leserbriefe untersuchen und verfassen (2/2)

2. Untersuche den Aufbau des Leserbriefs. Arbeite dazu mit der Seite „Den Aufbau eines Leserbriefs untersuchen" und mit dem Infoblatt.

a) Markiere farbig im Text, um welchen Teil eines Leserbriefs es sich handelt.

gelb → eigene Adresse, Datum, Adresse des Empfängers
grün → Betreffzeile, Überschrift, Anrede
rot → Einleitung
blau → Hauptteil mit Argumenten
orange → Schlussteil mit Forderung
lila → Grußformel und Unterschrift

b) Vergleiche deine Markierungen mit einer Partnerin oder einem Partner.

Umweltaktivistin Greta Thunberg erhält Auszeichnung

Greta Thunberg begann im Jahr 2018 mit ihrem Schulstreik, um gegen die Klimapolitik zu protestieren. Damals ahnte keiner, welche Folgen dies weltweit haben würde.

Berlin – Heute kennt jeder die 16-jährige Greta Thunberg, die Schülerin aus Schweden, die freitags vor dem Reichstag in Stockholm saß, um für eine bessere Klimapolitik zu streiken. Ihrer Meinung nach wird viel zu wenig getan, um den Klimawandel aufzuhalten.

Fridays for Future – weltweiter Protest

Greta ist die Symbolfigur der weltweiten Schülerbewegung „Fridays for Future". Die Schüler bleiben freitags der Schule fern, um für eine Veränderung der Klimapolitk ihrer Länder zu streiken. Sie wollen die weltweiten Klimaveränderungen stoppen. Greta Thunberg wird oft als Rednerin zu großen politischen Veranstaltungen eingeladen. So sprach sie zum Beispiel auf der Weltklima-Konferenz in Kattowitz oder auf dem Weltwirtschaftsforum in Davos.

Goldene Kamera für Greta Thunberg

Nun erhielt sie für ihr Engagement in Berlin die Goldene Kamera für Umweltschutz, eine Auszeichnung, die 2019 extra für sie geschaffen wurde. In ihrer Dankesrede rief sie die anwesenden Prominenten auf, ihren Einfluss geltend zu machen und sich für die Rettung des Weltklimas einzusetzen.

3. Lies den Zeitungsartikel.
a) Unterstreiche alle Wörter, die du nicht kennst.
b) Schlage die unterstrichenen Wörter in einem Wörterbuch nach.
c) Schreibe sie in deiner Sprache in dein Vokabelheft.

4. Der Artikel über Greta Thunberg erschien in der „Berliner Mittagszeitung" vom 20. März 2019.
a) Schreibe einen Leserbrief zu diesem Artikel. Findest du es richtig, dass Greta den Preis erhalten hat? Begründe deine Meinung.
b) Lies deinen Leserbrief deinen Mitschülerinnen und Mitschülern vor. Können sie deine Meinung nachvollziehen? Hast du den Leserbrief richtig aufgebaut?

Was ist ein Interview?

Ein **Interview** ist die **Befragung** einer Person. Ihr werden **Fragen** zu einem **bestimmten Thema gestellt**. Der **Interviewte** ist oft **berühmt** oder ein **Experte**, das heißt, er kennt sich besonders gut mit einem Thema aus. Interviews werden zum Beispiel mit Politikern, Wissenschaftlern, Sportlern oder Schauspielern geführt.
Der **Befragte** soll im Interview über seine **Erfahrungen** und seine **Meinung** berichten. Die Person, die die Fragen stellt, wird auch **Interviewer** oder **Frager** genannt. Das ist meistens ein **Journalist**. Interviews können fürs **Fernsehen** oder fürs **Radio** geführt werden. Oder sie werden aufgeschrieben und in der **Zeitung abgedruckt**.

Fragetechniken

Bei einem Interview ist es wichtig, dass der **Journalist (Frager) richtig** fragt.
Er will Informationen erhalten, deshalb muss er genau wissen, wie er seine Fragen formuliert, um eine ausführliche Antwort zu bekommen. Durch bestimmte **Fragestellungen** erhält er mehr oder weniger Informationen von seinem Interviewpartner.

Offene Fragen

Eine **offene Frage** ist so formuliert, dass die Antwort **ausführlich** sein muss. Darum erfährt man bei offenen Fragen viel von seinem Gesprächspartner. Offene Fragen sind oft **W-Fragen**. Sie beginnen mit einem Fragewort.
BEISPIEL:
Welche Vorstellungen haben Sie von ...?
Wodurch haben Sie ...?
Wessen Idee war es ...?
Womit kann ich Ihnen ...?
Was wollen Sie ...?

Geschlossene Fragen

Eine **geschlossene Frage** ist so formuliert, dass die Antwort nur aus **„Ja“**, **„Nein“** oder **„Ich weiß nicht“** bestehen kann. Sie ist oft nicht hilfreich, da keine weiteren Informationen gegeben werden.
BEISPIEL:
Haben Sie hier viele gefährliche Hunde?
Arbeiten Sie gerne mit mir zusammen?
Sind Sie mit der Lösung einverstanden?

Voreingenommene Fragen

Voreingenommenheit bedeutet, dass jemand bereits eine **bestimmte Meinung** zu einem Thema oder einer Person hat. Eine voreingenommene Frage **erwartet** eine bestimmte Antwort, die die **eigene Meinung** bestätigt. Voreingenommene Fragen dürfen in einem Interview nicht vorkommen. Der Frager sollte nicht **parteiisch**, sondern **objektiv** sein.
BEISPIEL: „Sie sind doch sicher auch der Meinung, dass im Restaurant „Die chinesische Mauer“ oft nur Fertigprodukte verwendet werden und keine frischen asiatischen Zutaten?“

Wortschatzarbeit (1/2)

Wortschatzliste

Nomen

das Fernsehen
das Gespräch
das Interview
das Radio
das Thema
das Treffen
der Befragte,
die Befragte
der Dialog
der Experte,
die Expertin
der Frager,
die Fragerin
der Gesprächspartner,
die Gesprächspartnerin
der Interviewer,
die Interviewerin
der Interviewte,
die Interviewte
der Journalist,
die Journalistin
der Termin
die Antwort
die Befragung
die Erfahrung
die Frage
die Fragestellung
die Meinung
die Zeitschrift
die Zeitung

Verben

regelmäßige Verben:
ändern
antworten
autorisieren
begründen
berichtigen
erklären
formulieren
fragen
informieren
interviewen
kommentieren
(Fragen) stellen
wiederholen

unregelmäßige Verben:
beschreiben
lesen
(Stellung) nehmen
schweigen
sprechen

trennbare Verben:
abdrucken
nachdenken
nachfragen
nachhaken

Adjektive

berühmt
detailliert
genau
geschlossen
informativ
kritisch
objektiv
offen
parteiisch
persönlich
sachlich
ungenau
unparteiisch
unsachlich
voreingenommen

1. **In der Wortschatzliste findest du alle wichtigen Wörter zum Thema Interview.**
   a) **Schlage die Wörter in einem Wörterbuch nach.**
   b) **Schreibe alle Wörter in deiner Sprache in dein Vokabelheft.**
   c) **Lerne die Wörter auswendig und lass dich von einer Partnerin oder einem Partner abfragen.**

Wortschatzarbeit (2/2)

2. **Schreibe zu zehn Verben der Wortschatzliste die richtige Präsens-Form (Gegenwart) für jede Person in dein Heft. Wähle auch mindestens zwei unregelmäßige und zwei trennbare Verben aus. Benutze für die unregelmäßigen Formen ein Wörterbuch.**

BEISPIEL:

Infinitiv	antworten	lesen (unregelmäßig)	nachfragen (trennbar)
1. Pers. Sg.	Ich antworte	Ich lese	Ich frage nach
2. Pers. Sg.	Du antwortest	Du liest	Du ...

3. **Arbeite mit den Nomen der Wortschatzliste.**
   a) **Bilde zu zehn Nomen der Wortschatzliste die Pluralform. Benutze ggf. ein Wörterbuch.**
   BEISPIEL: das Gespräch – die Gespräche

   b) **Bilde fünf zusammengesetzte Nomen mit den Nomen der Wortschatzliste. Das letzte Nomen bestimmt dabei das Geschlecht des neuen Wortes. Benutze ggf. ein Wörterbuch.**
   BEISPIEL: das Radio + der Journalist = der Radiojournalist

   c) **Einige Nomen der Wortschatzliste stammen aus einer anderen Sprache. Sie sind Fremdwörter. Erkläre die Nomen „Interview", „Radio" und „Thema" mit eigenen Worten. Schlage dann im Wörterbuch nach, ob deine Erklärung stimmt.**
   BEISPIEL: Journalist: Ein Journalist ist jemand, der für die Redaktion einer Zeitung oder eines anderen Mediums Beiträge verfasst, die über Themen aus Politik, Kultur, Sport usw. informieren.

4. **Arbeite mit den Adjektiven der Wortschatzliste.**
   a) **Erkläre mit eigenen Worten, was eine sachliche Antwort ist.**

   b) **Bilde zu den folgenden Adjektiven einen zum Thema passenden Satz:**

   sachlich – objektiv – berühmt – detailliert

   BEISPIEL: Die Antwort war sehr informativ.

Ein Interview untersuchen (1/2)

Fiktives Interview: Ötzi erzählt von seinem Leben und Sterben

Bozen – Nach mehr als 20 Jahren Forschung sind viele Fakten über Ötzi, die Mumie aus dem Eis, bekannt. Unserer Reporterin Chrissi Clever gelang ein sensationelles Interview:

Clever: Guten Abend! Sind Sie Ötzi, der Mann aus dem Eis?

Ötzi: *Ja, so werde ich genannt, weil meine Leiche jahrtausendelang in einem Gletscher eingefroren war. Dadurch blieben mein Körper, meine Kleidung und meine Ausrüstung so gut erhalten, dass Wissenschaftler sehr viel über mich herausfinden konnten. Meinen richtigen Namen kennt man aber nicht.*

Clever: Interessant. Ich rede Sie dann weiter mit Ötzi an. Und nun zu meinen Fragen. Wo und wann haben Sie gelebt?

Ötzi: *Ich lebte in der Jungsteinzeit vor ungefähr 5300 Jahren in einem Tal an der Südseite der Alpen im heutigen Italien. Untersuchungen an meinen Zähnen haben das gezeigt. Auch das Holz meiner Ausrüstung kommt aus dieser Gegend.*

Clever: Beschreiben Sie sich doch bitte einmal! Wie haben Sie ausgesehen?

Ötzi: *Da kann ich Ihnen die Informationen geben, die die Wissenschaftler herausgefunden haben: Ich war 1,60 m groß und hatte längere, dunkle Haare und einen Bart. Mein Gewicht lag bei 50 kg. Meine Augen waren braun und ich hatte Schuhgröße 37/38. Ich wurde 45 Jahre alt, das war damals sehr alt.*

Clever: Welche Kleidung trugen Sie an dem Tag, an dem Sie starben?

Ötzi: *Ich trug Kleidung, mit der ich in den Bergen gut überleben konnte, zum Beispiel Beinlinge. Das sind zwei Röhren, die aus mehreren Lederstücken zusammengenäht wurden. Sie wurden am Gürtel festgebunden. Außerdem hatte ich meine gestreifte Felljacke aus Ziegenfell an. Meine Schuhe waren aus Leder und mit Gras gefüttert. Auf dem Kopf hatte ich eine Bärenfellmütze.*

Clever: Welche Ausrüstungsgegenstände und Waffen hatten Sie?

Ötzi: *Ich baute gerade an einem neuen Bogen. Zwei fertige und einige fast fertige Pfeile steckten in meinem Lederköcher. Außerdem hatte ich einen Dolch aus Feuerstein dabei und natürlich meinen Glutbehälter aus Birkenrinde. Damit konnte ich Glut zum Feuermachen transportieren. Feuer war sehr wichtig. Die wichtigste Waffe aber war mein Beil mit der Kupferklinge.*

Clever: Aber trotz Ihrer Waffen wurden Sie hinterrücks ermordet. Wie kam es dazu?

Ötzi: *Das weiß man leider nicht. Aber in meiner Schulter steckte ein Pfeil. Als der mich traf, stürzte ich wohl nach vorn, verletzte mich am Kopf und starb.*

Clever: Das tut mir sehr leid! Vielen Dank für das Interview.

1. Lies das Interview.

a) Unterstreiche alle Wörter, die du nicht kennst.

b) Schlage die unterstrichenen Wörter in einem Wörterbuch nach.

c) Schreibe sie in deiner Sprache in dein Vokabelheft.

Ein Interview untersuchen (2/2)

2. Fülle die Felder des Steckbriefes mithilfe der Informationen aus dem Interview aus.

Ein Steckbrief von Ötzi

Epoche: Jungsteinzeit

Wohnort: ....

....

Alter: ....

Geschlecht: ....

Größe: ....

Gewicht: ....

Haarfarbe: ....

Augenfarbe: ....

Kleidung: ....

....

....

....

....

Ausrüstungsgegenstände: ....

....

....

....

....

Todesursache: ....

....

....

....

....

Ein Interview erarbeiten

Mahatma Gandhi, die „große Seele"

Mohandas Kramchand Gandhi, genannt Mahatma Gandhi, wurde 1869 in West-Gujarat in Indien geboren. Er war das jüngste von vier Kindern. Sein Vater war Richter und bestimmte, dass sein jüngster Sohn Rechtsanwalt werden sollte.

Mit 13 Jahren wurde Gandhi mit der gleichaltrigen Kasturba Maktaji verheiratet. Das war damals in Indien normal. Seine Frau unterstützte ihn später aktiv.

Gandhi studierte in London Jura und machte dort seinen Abschluss. Dadurch konnte er überall dort als Rechtsanwalt arbeiten, wo das englische Recht galt.

Aus geschäftlichen Gründen kam Gandhi 1893 nach Südafrika. Dort ließ er sich als erster Rechtsanwalt nieder, der nicht weiß war. Er erkannte, dass dort lebende Inder für die britischen Kolonialherren nur Menschen zweiter Klasse waren. Sie wurden als Billigarbeitskräfte eingesetzt und hatten wenig Rechte. Gandhi engagierte sich gegen diese Form des Rassismus. Er kämpfte für die Rechte der unterdrückten Inder.

1914 kehrte Gandhi nach Indien zurück. Dort organisierte er einen umfassenden gewaltlosen Widerstand gegen die britische Kolonialregierung. Er wollte die Unabhängigkeit Indiens von Großbritannien. Deshalb wurde Gandhi immer wieder verhaftet.

Gandhi war von Kindheit an Vegetarier und glaubte an ein absolut gewaltfreies Leben. Auch sein Protest war immer friedlich und gewaltfrei. Dafür war er weltweit bekannt und berühmt und erhielt den Ehrentitel „Mahatma" (= große Seele). Insbesondere seine Hungerstreiks führten dazu, dass Gandhis politische Forderungen weltweit große Aufmerksamkeit erhielten. Nach vielen Jahren des Protests und nach langen Verhandlungen wurde Indien am 03.06.1947 unabhängig. Gandhi erlebte diese Unabhängigkeit allerdings nur kurze Zeit. Am 30.01.1948 wurde er bei einem Attentat erschossen.

1. Lies den Text.
   a) Unterstreiche alle Wörter, die du nicht kennst.
   b) Schlage die unterstrichenen Wörter in einem Wörterbuch nach.
   c) Schreibe sie in deiner Sprache in dein Vokabelheft.

2. Stell dir vor, du führst ein Interview mit Mahatma Gandhi.
   a) Schreibe fünf Fragen an Gandhi auf, die im Text beantwortet werden.
   b) Partnerarbeit: Stellt euch gegenseitig eure Interviewfragen und beantwortet sie mit dem Text.
   BEISPIEL: Herr Gandhi, wo wurden Sie geboren?

3. Interviewe eine Mitschülerin oder einen Mitschüler.
   a) Notiere fünf Fragen, die du ihm oder ihr stellen möchtest.
   BEISPIEL: Was machst du am liebsten in deiner Freizeit?

   b) Partnerarbeit: Interviewt euch gegenseitig.

Was ist ein Lexikonartikel?

Ein **Lexikonartikel** ist ein kurzer Text in einem **Lexikon** (online oder gedruckt) zu einem **Begriff**. Dort werden die **wichtigsten Informationen** gesammelt. Es wird **klar und eindeutig** formuliert und es werden **Fachwörter** benutzt.

Lexika

Ein **Lexikon** ist ein **Buch**, in dem man **nachschlagen** kann, was ein **Wort bedeutet**.
Die Wörter sind **alphabetisch** geordnet. Lexika (= Pluralform von Lexikon) nennt man auch **Nachschlagewerk** oder **Enzyklopädie**. Wichtige Lexika sind zum Beispiel die **„Brockhaus Enzyklopädie"** oder **„Meyers Enzyklopädisches Lexikon"**. Heute werden viele Lexika aber gar nicht mehr **gedruckt**. Die **Online-Lexika** haben sich durchgesetzt. Sie haben den Vorteil, dass sie schneller als gedruckte Lexika **aktualisiert** werden können.
Wichtige **Online-Lexika** sind zum Beispiel **„brockhaus.de"** (kostenpflichtig), **„Wikipedia.de"**, **„wissen.de"** (zwei kostenfreie Lexika für das Allgemeinwissen) oder **„Klexikon.de"** (Online-Lexikon für Kinder).
„Wikipedia.de" und „Klexikon.de" sind **freie Online-Lexika**, an denen sich **jeder beteiligen kann**. Daher können sich **Fehler einschleichen**. Allerdings werden alle Artikel vor der Veröffentlichung noch einmal überprüft und kontrolliert und im Bedarfsfall geändert.
Das Online-Lexikon „wissen.de" greift auf bekannte und auch in gedruckter Form vorliegende Lexika zurück. Das Online-Lexikon „brockhaus.de" ist die Online-Version der gedruckten Brockhaus Enzyklopädie.

Bei der Informationssuche muss außerdem zwischen **Wörterbuch** und **Lexikon** unterschieden werden. Im Wörterbuch werden die Begriffe nur ganz **kurz erklärt**. Es dient zum **Nachschlagen** von **Rechtschreibung**, **Worttrennung**, **Grammatik** usw. Das wichtigste Wörterbuch der deutschen Sprache ist der **„Duden"**, der sowohl als gedruckte Version als auch als Online-Nachschlagewerk (duden.de) vorliegt.

Aufbau eines Lexikonartikels

Ein Lexikonartikel beginnt mit der **Nennung des Begriffs**. Zuerst wird das Wort kurz erklärt und oft auch die **sprachliche Herkunft** genannt. Anschließend folgt meistens eine genaue Beschreibung.
In einem Online-Lexikon sind **Fremdwörter** und **Fachbegriffe** oft **verlinkt**. Man kann sie anklicken, um die Bedeutung nachzuschlagen. Bei einem gedruckten Lexikon muss man dagegen weiter nachschlagen, um diese Begriffe zu klären.

BEISPIEL: Pharao
Pharao: (griechisch: pharaó = großes Haus), der Pharao, Titel der altägyptischen Könige über Ober- und Unterägypten). Ursprünglich wurde der Begriff ...

Wortschatzarbeit (1/2)

Wortschatzliste

Nomen
das Alphabet
das Fachlexikon
das Fremdwort
das Internet
das Lexikon
das Nachschlagewerk
das Online-Lexikon
das Sachgebiet
das Stichwort
das Wissen
das Wörterbuch
der Artikel
der Eintrag
der Fachbegriff
der Wahrheitsgehalt
die Enzyklopädie
die Fachsprache
die Information
die Kontrolle
die Recherche
die Suche

Verben
regelmäßige Verben:
aktualisieren
beinhalten
erklären
erneuern
erörtern
informieren
korrigieren
recherchieren
sammeln
suchen

unregelmäßige Verben:
beschreiben
erscheinen
finden
lesen
schreiben

trennbare Verben:
eintragen
nachschlagen

Adjektive
aktuell
alphabetisch
ausführlich
distanziert
informativ
interessant
knapp
kurz
nachvollziehbar
präzise
sachlich
verständlich

1. In der Wortschatzliste findest du alle wichtigen Wörter zum Thema Lexikonartikel.
   a) Schlage die Wörter in einem Wörterbuch nach.
   b) Schreibe alle Wörter in deiner Sprache in dein Vokabelheft.
   c) Lerne die Wörter auswendig und lass dich von einer Partnerin oder einem Partner abfragen.

Wortschatzarbeit (2/2)

2. Einige Nomen der Wortschatzliste sind aus mehreren Wörtern zusammengesetzt. Aus welchen Wörtern sind folgende Nomen gebildet worden? Bestimme auch die Wortart. Benutze ggf. ein Wörterbuch.

Stichwort – Fachbegriff – Fachsprache – Fremdwort – Nachschlagewerk

BEISPIEL: Wörterbuch = Wörter (Nomen) + Buch (Nomen)

3. Arbeite mit der Wortschatzliste. Ergänze folgende Sätze mit den passenden Nomen, Verben und Adjektiven:

Ein Lexikon nenn man auch .... oder ....

Die Suche nach Informationen zu einem Thema nennt man ....

Wenn ein Wort ursprünglich aus einer anderen Sprache stammt, dann ist es im Deutschen ein ....

Ein Online-Lexikon kann schnell auf neue Erkenntnisse reagieren und sie in seine Artikel aufnehmen. Es ist damit .... als ein gedrucktes Lexikon.

Wenn sich ein Lexikon nur mit einem Themengebiet beschäftigt, nennt man es ....

Bei einigen Online-Lexika kann jeder Benutzer eigene Artikel veröffentlichen. Darum ist eine .... der Informationen besonders wichtig.

4. ★ Der Begriff „Enzyklopädie" bedeutet „umfangreiches Nachschlagewerk". Recherchiere in einem gedruckten Lexikon oder in einem Online-Lexikon und beantworte folgende Fragen schriftlich:

a) Aus welcher Sprache stammt das Wort „Enzyklopädie" ursprünglich?

b) Welche Bedeutung hat dieses Wort?

c) Erkläre den Unterschied zwischen den Begriffen „Enzyklopädie", „Lexikon" und „Wörterbuch" in eigenen Worten.

Artikel aus Online-Lexika untersuchen

1. Lies dir im Internet auf Wikipedia.de und auf Klexikon.de den ersten Satz zur Stadt Köln durch. Unterstreiche hier, welche Begriffe verlinkt sind.

Wikipedia:

KÖLN (kölsch *Kölle*) ist mit rund 1,1 Millionen Einwohnern die bevölkerungsreichste Stadt des Landes Nordrhein-Westfalen sowie nach Berlin, Hamburg und München die viertgrößte Stadt Deutschlands.

(Quelle: https://de.wikipedia.org/wiki/Köln)

Klexikon:

KÖLN

Köln ist eine Stadt am Rhein und liegt im Bundesland Nordrhein-Westfalen.

(Quelle: https://klexikon.zum.de/wiki/Köln)

2. Welche Informationen erhältst du, wenn du in beiden Artikeln auf den Begriff „Nordrhein-Westfalen" klickst?
a) Notiere jeweils den ersten Abschnitt.

Wikipedia: Nordrhein-Westfalen

....

....

....

....

....

Klexikon: Nordrhein-Westfalen

....

....

....

....

....

b) Arbeite mit einer Partnerin oder einem Partner: Überlegt, welche Erklärung für euch leichter zu verstehen ist.
c) Sucht nach den Städten „Berlin", „Hamburg" oder „München". Welchen Artikel findet ihr hier einfacher zu verstehen?

Einen Lexikonartikel zusammensetzen

(A)
für den Klimaschutz umzusetzen. Dazu werden regelmäßig immer freitags Demonstrationen organisiert, bei denen Schüler und Studenten die Schule bzw. die Vorlesungen

(B)
die Schule zu schwänzen, und sich freitags vor das schwedische Parlament setzte. Dabei hatte sie ein Schild mit der Aufschrift „Skolstrejk för Klimatet" (schwedisch: Schulstreik fürs Klima).
Immer mehr meist

(C)
Fridays for Future (deutsch: Freitage für die Zukunft).
Dies ist eine weltumspannende Bewegung von Schülern und Studenten. Sie setzt sich dafür ein, schnelle und wirksame Maßnahmen

(D)
junge Leute folgen ihrem Vorbild. In der Zwischenzeit finden sich teilweise mehr als 1 Million Menschen freitags zu Demonstrationen für das Klima und Maßnahmen für den Klimaschutz zusammen. Weltweit besteht die Befürchtung, dass es zu einer

(E)
schwänzen. Diese Schulstreiks finden seit September 2018 weltweit mit zunehmender Teilnehmerzahl statt.
Auslöserin dieser Bewegung ist die schwedische Schülerin Greta Thunberg, die 2018 begann,

(F)
weltweiten Klimaerwärmung kommt und sich dadurch die Lebensbedingungen für Menschen, Tiere und Pflanzen so weit verändern können, dass es zu einem weltweiten Artensterben kommt und schlimmstenfalls auch die Erde für die Menschen unbewohnbar wird.

1. **Lies die Textsschnipsel.**
   a) **Unterstreiche alle Wörter, die du nicht kennst.**
   b) **Schlage die unterstrichenen Wörter in einem Wörterbuch nach.**
   c) **Schreibe sie in deiner Sprache in dein Vokabelheft.**
2. **Schneide die Textschnipsel des Lexikonartikels zu „Fridays for Future" aus und setze den Artikel in der korrekten Reihenfolge zusammen. Die Satzanfänge helfen dir dabei.**

Lösungen

Vorgangsbeschreibungen entdecken am Beispiel Kochrezept

Wortschatzarbeit (S. 7)

AUFGABE 3:

Handrührgerät	=	Hand *(Nomen)*	+ rühr(en) *(Verb)*	+ Gerät *(Nomen)*
Pfannenwender	=	Pfanne *(Nomen)*	+ wenden *(Verb)*	
Backofen	=	backen *(Verb)*	+ Ofen *(Nomen)*	
Kochrezept	=	kochen *(Verb)*	+ Rezept *(Nomen)*	
Schneidebrett	=	schneiden *(Verb)*	+ Brett *(Nomen)*	

AUFGABE 4:

Ein Kilogramm enthält 1 000 Gramm.
Ein Liter enthält 1 000 Milliliter.

AUFGABE 5:

Arbeits-materialien	Passende Verben
Messer	schälen, schneiden, essen, abschneiden
Herd	dünsten, erhitzen, kochen, braten, anschalten, anbraten
Löffel	rühren, verrühren, essen, umrühren
Rührschüssel	mixen, rühren, verrühren, backen, umrühren

Ein Rezept umschreiben – Süße Pfannkuchen (S. 8/9)

AUFGABE 1:

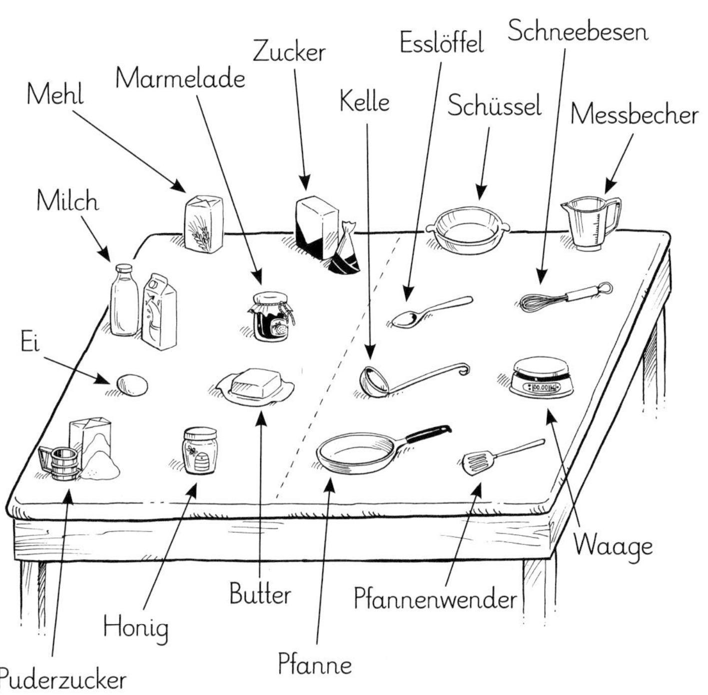

AUFGABE 3:

wiege – man wiegt
gib – man gibt
gieße – man gießt
schlage – man schlägt
lass – man lässt
verrühre – man verrührt
erhitze – man erhitzt
verteile – man verteilt
wende – man wendet
nimm – man nimmt
bestreue – man bestreut
bestreiche – man bestreicht

AUFGABE 4:
Man wiegt das Mehl. Dann gibt man es in eine Schüssel.

Man gibt den Zucker zum Mehl.

Man gießt die Milch ebenfalls in die Schüssel.

Man schlägt das Ei auf und lässt Eigelb und Eiweiß in die Schüssel gleiten.

Man verrührt alle Zutaten mit einem Schneebesen zu einem glatten Teig.

Man erhitzt die Butter bei mittlerer Hitze in der Pfanne.

Man gibt eine Kelle Teig in die Pfanne und verteilt ihn gleichmäßig.

Man lässt den Teig ungefähr 3 Minuten backen.

Man wendet den Pfannkuchen mit dem Pfannenwender und lässt auch die andere Seite ca. 3 Minuten backen.

Man nimmt den Pfannkuchen aus der Pfanne und bestreut ihn mit Puderzucker oder bestreicht ihn mit Marmelade oder Honig.

Ein Rezept umschreiben – Vegetarische Kartoffelsuppe (S. 10)

AUFGABE 2:
werden gewaschen – man wäscht – wasche
werden geschnitten – man schneidet – schneide
wird geschnitten – man schneidet – schneide
werden geschält – man schält – schäle
wird angeschaltet – man schaltet an – schalte an
wird erhitzt – man erhitzt – erhitze
werden angebraten – man brät an – brate an
wird dazugegeben – man gibt dazu – gib dazu
wird gekocht – man kocht – koche
wird püriert – man püriert – püriere
wird eingerührt – man rührt ein – rühre ein
wird gewürzt – man würzt – würze

AUFGABE 3:
Man-Form:
Man wäscht das Suppengemüse und die Kartoffeln.

Man schneidet Kartoffeln, Karotten und Sellerie in kleine Würfel.

Man schneidet den Lauch in dünne Scheiben.

Man schält die Zwiebeln und schneidet sie in kleine Würfel.

Man schaltet die Herdplatte auf mittlerer Hitze an.

Man erhitzt das Öl im Topf und brät die Zwiebeln darin leicht an.

Anschließend gibt man die Gemüsebrühe dazu.

Man kocht alles 25 bis 30 Minuten bei mittlerer Hitze.

Man püriert das Gemüse im Topf mit einem Stabmixer fein.

Man rührt die Sahne ein.

Zum Schluss würzt man die Suppe mit Salz und Pfeffer.

Imperativ:
Wasche das Suppengemüse und die Kartoffeln.

Schneide Kartoffeln, Karotten und Sellerie in kleine Würfel.

Schneide den Lauch in dünne Scheiben.

Schäle die Zwiebeln und schneide sie in kleine Würfel.

Schalte die Herdplatte auf mittlerer Hitze an.

Erhitze das Öl im Topf und brate die Zwiebeln darin leicht an.

Gib anschließend die Gemüsebrühe dazu.

Koche alles 25 bis 30 Minuten bei mittlerer Hitze.

Püriere das Gemüse im Topf mit einem Stabmixer fein.

Rühre die Sahne ein.

Würze zum Schluss die Suppe mit Salz und Pfeffer.

Textschnipsel zu einem Rezept zusammenfügen (S. 11)

AUFGABE 2:

C – A – D – F – E – B – H – G

Ein typisch deutsches Rezept kennenlernen (S. 12)

AUFGABE 2:

Wer wird interviewt? → Der Koch Anton Hofmann wird interviewt.

Wo wird das Interview geführt? → Das Interview wird im Restaurant „Altes Poststübchen" in Düsseldorf geführt.

Worüber wird gesprochen? → Es wird über Rezepte der deutschen Küche gesprochen.

Was ist das Besondere an der deutschen Küche? → DIE deutsche Küche gibt es nicht, da jede Region ihre eigenen Rezepte und Zutaten hat. Viele Gerichte bestehen aber aus Fleisch, das mit Gemüse und Kartoffeln kombiniert wird.

Vorschriften entdecken am Beispiel Hausordnung

Wortschatzarbeit (S. 16)

AUFGABE 4:

Die Klassenräume können → von den Schülern mitgestaltet werden.

Die Sporthalle darf nur → mit Hallenschuhen betreten werden.

Das Sekretariat muss → bei einer Verletzung informiert werden.

Die Erlaubnis darf nur → der Schulleiter erteilen.

Den Anweisungen der Lehrer muss → Folge geleistet werden.

Das Schulgelände darf in den Pausen nicht → verlassen werden.

In der Sporthalle darf nicht → gegessen und getrunken werden.

Auf dem Schulgelände darf nicht → geraucht werden.

Bei Feueralarm muss → die Schule zügig verlassen werden.

Benutztes Geschirr soll → in die Geschirrabgabe gestellt werden.

Eine Schulordnung untersuchen (S. 17/18)

AUFGABE 2:

Auszug aus der Schulordnung der Heinrich-Heine-Schule

1. Geltungsbereich

Die Schulordnung gilt auf dem gesamten Schulgelände, im Sekretariat und in den Sporthallen. Sie muss auch auf Wandertagen oder Klassenfahrten beachtet werden.

2. Zusammenleben

Alle Schüler, Lehrer und die Schulmitarbeiter sollen rücksichtsvoll, höflich und hilfsbereit miteinander umgehen. So entsteht überall ein angenehmes Klima und alle Schüler können erfolgreich lernen. Folgende Punkte sollten für alle selbstverständlich sein:

a) Die Rücksichtnahme auf andere Personen

b) Der respektvolle Umgang mit anderen Personen

c) Das Verzichten auf Beschimpfungen und Beleidigungen.

d) Die Achtung fremden Eigentums

3. Kleidung

Die Kleidung der Schüler muss zur Schule und zum Lernen passen. Da die Schule keine Sportveranstaltung ist, dürfen zum Beispiel Jogginghosen während des Unterrichts nicht getragen werden. Das Tragen von Kappen und Mützen ist im Unterricht ebenfalls nicht erlaubt.

4. Nutzung des Schulgeländes
Zum Schulgelände gehören die Schulgebäude, der Lehrerparkplatz und die Pausenhöfe. Sie dürfen wie folgt genutzt werden:

a) Das Parken auf dem Lehrerparkplatz ist nur Mitarbeitern der Schule gestattet. Schüler, Eltern und andere Personen dürfen nicht dort parken.
b) Fahrräder dürfen nur neben dem Tor des kleinen Schulhofs abgestellt werden. Sie müssen in den aufgestellten Fahrradständern angeschlossen werden.
c) Die Nutzung der Pausenhöfe ist nur während der Pausen und während Freistunden gestattet. Außerhalb der Schulzeit dürfen die Höfe nicht genutzt werden.

AUFGABE 4:

a) Das Aufstehen und Herumlaufen während des Unterrichts ist verboten.

Das Laufen auf der Treppe bei Feueralarm ist verboten.

Das Verlassen des Schulgeländes ist verboten.

Das Tragen von Kappen und Mützen während des Unterrichts ist verboten.

b) Hallenschuhe dürfen nicht außerhalb der Sporthallen benutzt werden.

Schüler dürfen ohne Aufforderung durch den Lehrer nicht in die Klasse rufen.

Schüler sollen sich während des Unterrichts nicht mit dem Nachbarn unterhalten.

Schüler dürfen nicht gegenüber Mitschülern gewalttätig werden.

c) Schüler können bei Fragen des Nachbarn leise helfen.

Schüler müssen alle Schulsachen mitbringen.

Schüler sollen im Unterricht leise sein.

Schüler dürfen in der Mittagspause ihre Handys benutzen.

Eine Büchereiordnung verfassen
(S. 19)

AUFGABE 2b:

1. Die Bücherei ist montags, mittwochs und freitags in der Mittagspause geöffnet.
2. Essen und Trinken ist in der Bücherei verboten.
3. In der Leseecke dürfen Bücher gelesen werden. Anschließend muss jedes Buch wieder an seinen Platz gestellt werden.
4. In der Bücherei darf nur leise gesprochen werden.
5. Beschädigte oder verloren gegangene Bücher müssen ersetzt werden.

Zeitungen entdecken

Wortschatzarbeit (S. 23)

AUFGABE 4:

Zeitungsartikel werden von einem Journalisten geschrieben. Das Sammeln und Suchen von Informationen nennt man recherchieren.
Um Informationen zu erhalten, kann ein Journalist einen Gesprächspartner auch interviewen. Das abgedruckte Gespräch zwischen dem Journalisten und einer anderen Person nennt man Interview.
Die groß- und fettgedruckte Überschrift eines Zeitungsartikels soll das Interesse wecken. Man nennt sie auch Schlagzeile. In den meisten Zeitungsartikeln steht nicht die Meinung des Journalisten.
Diese Artikel sind objektiv geschrieben. Es werden dort nur die Informationen genannt.
Wenn ein Journalist in einer Rezension schreibt, wie er einen Film oder ein Theaterstück findet, schreibt er seine persönliche Meinung.Wenn eine Zeitung einmal in der Woche erscheint, dann nennt man das wöchentlich. Alle Ereignisse aus dem Wohnort des Lesers findet man im Lokalteil.

Meldungen entdecken

Wortschatzarbeit (S. 27)

AUFGABE 3:

Lösungsvorschlag:

Wortfamilie informieren: die Information, die Info, der Informationsaustausch, die Informationspflicht, der Infostand, die Infoveranstaltung, der Informant, informativ

Wortfamilie melden: die Meldung, die Meldebehörde, die Meldefrist, die Meldepflicht, die Meldestelle, der Melder, der Meldeschluss

Wortfamilie kurz: kurzärmlig, kurzatmig, kürzen, kurzerhand, die Kurzfassung, die Kurzstrecke, das Kurzzeitgedächtnis

Wortfamilie sachlich: die Sache, die Sachfrage, die Sachkunde, die Sachlichkeit, der Sachschaden, die Sachspende

Meldungen untersuchen (S. 28)

AUFGABE 1:

Masernwelle in Köln

Was ist passiert? Wann wurden die Masernfälle gemeldet? Wo wurden die Erkrankungen gemeldet? Wer meldete die Masernfälle? Wer ist besonders betroffen? Wie äußert sich die Erkrankung? Was können Masern hervorrufen? Was wird augenblicklich diskutiert?

Kunde im Schaufenster

Was ist passiert? Wann wurde eine ungewöhnliche Entdeckung gemacht? Wer machte die ungewöhnliche Entdeckung? Wo wurde diese Entdeckung gemacht? Wo stand der Mann? Was machte der Mann? Wer befreite ihn aus seiner Lage? Wo war er eingeschlafen? Wie kam es zu dem Ereignis?

Schneesturm über dem Rheinland

Wer machte eine Entdeckung? Was entdeckten die Bewohner? Wo ereignete sich das Schneechaos? Wie hoch lag der Schnee? Was brach zusammen? Was bleibt geschlossen? Warum kam es dazu?

Raser wollte sein Auto trocknen

Was ist passiert? Wer stoppte ein Auto? Wo stoppte die Polizei das Auto? Wann geschah dies? Was hatte der Autofahrer gemacht? Warum fuhr er zu schnell? Wie schnell fuhr der Autofahrer? Wie schnell darf man fahren?

Meldungen schreiben (S. 29)

AUFGABE 1:

Grippewelle in Berlin

Seit Ende Februar kam es in Berlin immer häufiger zu Meldungen über Grippeerkrankungen. Eine Grippewelle mit hohem Fieber hat die Menschen im Großraum Berlin erreicht. Kinder und alte Menschen sind besonders gefährdet.
Die Grippe wird durch Viren übertragen, die durch Husten oder Niesen verbreitet werden. Auch der Kontakt mit Flächen, die Grippekranke berührt haben, wie Einkaufswagen oder Türklinken, kann die Grippe übertragen.

AUFGABE 2:

a) **Gefälschtes Zeugnis im Bewerbungsschreiben**
Im Juli 2019 wurde eine Frau wegen einer gefälschten Bewerbung angezeigt. Nachdem ihre erste Bewerbung abgewiesen wurde, fälschte sie am Computer die Noten ihres Zeugnisses. Allerdings lag das echte Zeugnis dem Unternehmen noch vor. Beim Vergleich wurde die Fälschung entdeckt. Auch diesmal wurde die Bewerberin abgelehnt und außerdem bei der Polizei angezeigt.

b) **Hund rettet Frauchen**
Im Ruhrgebiet stürzte am Montagabend eine alte Dame beim Gassigehen mit ihrem Hund. Der Hund lief daraufhin zwei Kilometer weit, bis er den nächsten Passanten fand. Diesen bellte er so lange an, bis der Mann den Hund begleitete und die Verletzte fand. Er alarmierte den Krankenwagen und leistete Erste Hilfe. Die Dame wurde mit einem gebrochenen Bein ins Krankenhaus gebracht.

c) Auffahrunfall durch Bremsmanöver – Entenfamilie gerettet

Am Samstagnachmittag ereignete sich in der Talstraße am Ententeich ein Auffahrunfall. Ein Anrufer meldete der Polizei, dass eine Entenmutter mit ihren sieben Küken die Straße überqueren wolle. Eine 20-jährige Autofahrerin bremste so plötzlich ab, dass es zu einem Unfall kam. Es gab keine Verletzten und die Entenfamilie wurde von der Polizei sicher zum Teich gebracht.

d) ★ Ursula von der Leyen wird EU-Kommissionspräsidentin

Am 16.07.2019 fand die Wahl des neuen EU-Kommissionspräsidenten im Parlament in Straßburg statt. Die deutsche Kandidatin Ursula von der Leyen hielt ihre Vorstellungsrede in Englisch, Französisch und Deutsch. Trotz der Kritik vieler deutscher Abgeordneter wurde von der Leyen mit absoluter Mehrheit gewählt. Die neue EU-Kommissionspräsidentin versprach, die EU in allen Bereichen zu fördern.

Nachrichten entdecken

Wortschatzarbeit (S. 32)

AUFGABE 2:

Wir lasen letzte Woche in der Schule einen Artikel aus der „Meppener Morgenpost“.
Die Nachricht beschäftigte sich mit einer Fotoausstellung junger Fotografen zum Ausbau des Hamburger Hafens. Dort thematisierten die jungen Leute die Umweltschäden, die durch die Bauarbeiten entstehen.
Die Autorin des Textes recherchierte, dass auch geschützte Bereiche zerstört werden sollen. Auch über die Proteste der Anwohner des Hafens berichtete sie. Die Journalistin schrieb, dass die Anwohner die Zerstörung der Uferbereiche kritisierten. Denn viele Tiere verlieren dadurch ihren Lebensraum. Die Menschen forderten, bestimmte Bereiche besonders zu schützen. Die „Meppener Morgenpost“ druckte dazu mehrere Leserbriefe unter dem Artikel ab. Einige Tage später veröffentlichte die Zeitung eine Antwort der Hafenbehörde, die für den Ausbau verantwortlich ist. Sie informierte darüber, dass sie die Anregungen der Menschen überprüfen werde.

Nachrichten untersuchen und schreiben (S. 34)

AUFGABE 2b:

Was ist geschehen?	Die Kathedrale Notre-Dame in Paris brannte.
Wann ist es geschehen?	Montagabend am 15.04.2019
Wo brannte die Kirche?	in Paris
Wer war beteiligt?	die Bewohner von Paris, die Pariser Feuerwehr
Was taten die Pariser?	Sie standen am Ufer der Seine und konnten nicht glauben, was sie sahen. Viele Menschen machten mit ihren Handys Aufnahmen von der brennenden Kirche. Andere standen nur schweigend da. Sie sahen, wie die Kirche abbrannte und der hölzerne Spitzturm in sich zusammenstürzte.
Warum ist es geschehen?	Am Dach der Kathedrale wurden am Tag des Brandes Schweißarbeiten vorgenommen. Ein Sprecher der Pariser Feuerwehr vermutet, dass ein Funke beim Schweißen zum Brand führte.

Was hat die Feuerwehr geschafft?	Die Feuerwehrleute konnten die Hauptfassade mit den beiden Türmen erhalten. Auch viele Kunstschätze konnten aus dem Inneren gerettet werden.
Welche Folgen hat das Ereignis?	Die Folgen sind noch nicht absehbar. „Vermutlich wird der Wiederaufbau mehrere Jahre dauern. Welche Kosten auf uns zukommen, können wir noch nicht abschätzen!", erklärten Bürgermeister und die katholische Kirche in einem Interview.
Woher stammen die Informationen?	Die Informationen stammen vom Sprecher der Pariser Feuerwehr, vom Pariser Bürgermeister und der katholischen Kirche.

AUFGABE 3a:

Am Freitag, dem 23.08.2019, ereignete sich gegen 14:30 Uhr an der Brücke vor der Kölner Altstadt ein Unfall. Ein Kreuzfahrtschiff rammte einen Brückenpfeiler, weil es einem Ruderboot mit drei Kindern ausweichen musste, das in der Fahrrinne fuhr. Es entstanden Schäden am Bug des Schiffes und am Pfeiler. Die Passagiere des Kreuzfahrtschiffes müssen ihre Reise mit einem anderen Schiff fortsetzen. Wie die Wasserschutzpolizei Köln berichtet, bleibt die Brücke über das Wochenende gesperrt, denn sie muss von Statikern geprüft werden.

Berichte entdecken am Beispiel Unfallbericht

Wortschatzarbeit (S. 37)

AUFGABE 4a:

langsam – langsamer – am langsamsten
schnell – schneller – am schnellsten
unvorsichtig – unvorsichtiger – am unvorsichtigsten
verbeult – verbeulter – am verbeultesten
verbogen – verbogener – am verbogensten
vorsichtig – vorsichtiger – am vorsichtigsten

Unfallskizze und Bericht untersuchen (S. 38/39)

AUFGABE 1:

☐ Der Unfall geschah um 15:00 Uhr.
☒ Der Unfall geschah um 14:45 Uhr.

☐ Der Unfall geschah am 30.05.2019.
☒ Der Unfall geschah am 31.05.2019.

☒ Der Lkw war weiß.
☐ Der Lkw war schwarz.

☐ Der Pkw war weiß.
☒ Der Pkw war schwarz.

☒ Der Lkw fuhr auf der Hauptstraße.
☐ Der Lkw fuhr auf der Schulstraße.

☐ Der Pkw fuhr auf der Hauptstraße.
☒ Der Pkw fuhr auf der Schulstraße.

☒ Der Lkw hatte Vorfahrt.
☐ Der Pkw hatte Vorfahrt.

☐ Die Bushaltestelle liegt neben dem Einkaufszentrum.
☒ Die Bushaltestelle liegt dem Einkaufszentrum gegenüber.

☒ Hayet und Anne wollten die Schulstraße überqueren.
☐ Hayet und Anne wollten die Hauptstraße überqueren.

AUFGABE 2 UND 4:

EINLEITUNG

Am 31.05.2019 ereignete sich an der Ecke Schulstraße/ Hauptstraße ein Verkehrsunfall. Um 14:45 Uhr kam es zu einem Zusammenprall zwischen einem schwarzen Pkw und einem weißen Lkw.

HAUPTTEIL

Frau Barth fuhr im weißen Lkw auf der Hauptstraße Richtung Stadtmitte. Sie hatte Vorfahrt. Als sie die Kreuzung Hauptstraße/Schulstraße überqueren wollte, nahm ihr ein schwarzer Pkw die Vorfahrt. Herr Yildirim, der Fahrer des Pkw wollte von der Schulstraße nach rechts in die Hauptstraße abbiegen. Dabei übersah er den weißen Lkw. Die Fahrerin des Lkw konnte nicht mehr rechtzeitig bremsen. Es kam zu einem Unfall mitten auf der Kreuzung.

SCHLUSS

Der Fahrer des schwarzen Pkw wurde in seinem Fahrzeug eingeklemmt. Er musste von der Feuerwehr befreit werden. Die Fahrerin des Lkw erlitt einen Schock. Beide Personen wurden ins Krankenhaus gebracht. An den Fahrzeugen entstand ein hoher Sachschaden.
Hayet Nasser und Anne Winkler waren Zeuginnen des Unfalls. Sie sagten bei der Polizei aus, was geschehen ist.

Einen Bericht schreiben – Infos aus einer E-Mail (S. 40)

AUFGABE 3:

Am 11.03.2020 ereignete sich auf dem Bürgersteig vor dem Haus Kanalstraße 12 ein Unfall zwischen Irina Antipov und Jürgen Müller.
Um 12:50 Uhr fuhr Irina Antipov mit ihrem Skateboard auf dem Bürgersteig. Das Mädchen fuhr sehr schnell. Als ein Anwohner, Jürgen Müller, mit dem Pkw rückwärts aus seiner Garage setzte, konnte sie nicht mehr bremsen und fuhr gegen das Auto. Die Passantinnen Frau May und Jana Schweitzer, die das Geschehen beobachtet hatten, konnten als Zeuginnen auf der Polizeiwache eine Aussage machen.
Irina Antipov erlitt nur einige Schürfwunden. Herr Müller erlitt einen Schock. An seinem Auto entstand durch den Unfall ein Sachschaden: es hat eine Beule. Beide Beteiligten wurden ins Krankenhaus gebracht.

Informationen aus einem Gespräch entnehmen (S. 42)

AUFGABE 3:

Einleitung:	
Was ist geschehen?	Es ereignete sich ein Unfall zwischen einem Jungen auf einem Fahrrad und einem Motorradfahrer.
Wo ist es geschehen?	Der Unfall geschah auf der Friesenstraße an der Ecke Sternstraße.
Wann ist es geschehen?	Am 06.06.2019 um kurz nach 12:00 Uhr.
Wer war beteiligt?	Marcus Müller und Badu Abebe
Hauptteil:	
Was ist im Detail geschehen?	Ein Junge, Marcus Müller, ist mit seinem roten Fahrrad gegen das Motorrad von Herrn Abebe gefahren. Er flog über den Lenker und prallte auf den Boden.
Wie ist es geschehen?	Der Junge fuhr mit seinem Fahrrad mit hoher Geschwindigkeit. Er ist von der Sternstraße nach links in die Friesenstraße abgebogen und hat dem Motorradfahrer, der geradeaus auf der Friesenstraße fuhr, die Vorfahrt genommen.
Warum ist es geschehen?	Marcus hat an der Kreuzung nicht angehalten und nicht nach links und rechts geschaut.
Woher stammen die Informationen?	Isabell van Beer und ihr Vater beobachteten den Unfall und machten eine Zeugenaussage bei der Polizei.
Schluss:	
Welche Folgen hat das Ereignis?	Marcus Müller erlitt eine Platzwunde am Knie. Der Motorradfahrer erlitt einen Schock. Beide wurden ins Krankenhaus gebracht. Das Fahrrad war ein Totalschaden, das Motorrad hatte einige Kratzer.

AUFGABE 4a:
Am 06.06.2019 ereignete sich auf der Friesenstraße an der Ecke Sternstraße ein Verkehrsunfall um kurz nach 12:00 Uhr. Beteiligt waren Marcus Müller auf dem Fahrrad und der Motorradfahrer Badu Abebe. Der Junge fuhr mit seinem roten Fahrrad mit hoher Geschwindigkeit. Er ist von der Sternstraße nach links in die Friesenstraße abgebogen und hat dem Motorradfahrer, der geradeaus auf der Friesenstraße fuhr, die Vorfahrt genommen. Marcus Müller fuhr mit seinem Fahrrad gegen das Motorrad von Herrn Abebe. Er flog über den Lenker und prallte auf den Boden. Der Junge hatte an der Kreuzung nicht angehalten und nicht nach links und rechts geschaut. Isabell van Beer und ihr Vater beobachteten den Unfall und machten eine Zeugenaussage bei der Polizei.
Marcus Müller erlitt eine Platzwunde am Knie.
Der Motorradfahrer erlitt einen Schock. Beide wurden ins Krankenhaus gebracht. Das Fahrrad war ein Totalschaden, das Motorrad hatte einige Kratzer.

Briefe entdecken am Beispiel Leserbrief

Wortschatzarbeit (S. 45)

AUFGABE 3:
Lösungsvorschlag:

a) Der Punkt ist, dass Schulbücher überflüssig werden, wenn die Schüler ein E-Book benutzen können.

Ich bin der Meinung, dass der Unterricht mithilfe des Internets für Schüler interessanter sein kann als mit den traditionellen Schulbüchern.

Es ist offensichtlich, dass Handys im Unterricht genutzt werden sollten, weil fast jeder Schüler ein Handy besitzt.

b) Ich denke nicht, dass Handys im Unterricht benutzt werden sollen, weil die Schüler damit sehr schnell auf Inhalte gehen, die nichts mit Schule zu tun haben.

Ich gebe Ihnen nicht Recht, dass nur mit konsequentem Vokabeltraining eine Fremdsprache von Grund auf gelernt werden kann.

Ich bin nicht der Meinung, dass Hausaufgaben abgeschafft werden sollen, weil die Schüler ohne sie keine Möglichkeit zum Üben haben.

Interviews entdecken

Wortschatzarbeit (S. 52)

AUFGABE 3c:

Interview: Ein Interview ist die Befragung einer Person, um Informationen zu bestimmten Themen zu erhalten.

Radio: Ein Radio ist ein elektrisches Gerät, mit dem man Rundfunkbeiträge hören kann, die ein Rundfunksender als Wort- oder als Musikbeitrag sendet.

Thema: Ein Thema ist der Inhalt einer Diskussion, eines Buchs, eines Theaterstücks, eines Musikstücks, eines Gemäldes, einer wissenschaftlichen Arbeit etc.

AUFGABE 4a:
Eine sachliche Antwort berücksichtigt nur Daten und Fakten einer bestimmten Angelegenheit. Persönliche Gefühle oder Meinungen bleiben dabei außen vor.

Ein Interview untersuchen (S. 54)

AUFGABE 2:

Epoche: Jungsteinzeit

Wohnort: Südseite der Alpen im heutigen Italien

Alter: 45

Geschlecht: männlich

Größe: 1,60 m

Gewicht: 50 kg

Haarfarbe: dunkel

Augenfarbe: braun

Kleidung: Beinlinge, gestreifte Felljacke aus Ziegenfell, mit Gras gefütterte Schuhe aus Leder, Bärenfellmütze

Ausrüstungsgegenstände: Pfeil und Bogen, Lederköcher, Glutbehälter aus Birkenrinde, Dolch aus Feuerstein, Beil mit Kupferklinge

Todesursache: Pfeilschuss in den Rücken unterhalb des linken Schulterblattes, anschließender Sturz mit Platzwunde am Kopf

Ein Interview erarbeiten (S. 55)

AUFGABE 2a:

Lösungsvorschlag:

Wann wurden Sie geboren? Wo wurden Sie geboren? In welchem Alter haben Sie geheiratet? Wie lautete der Name Ihrer Frau? Welchen Beruf haben Sie erlernt? Wo haben Sie studiert? Wo haben Sie Ihre ersten Berufserfahrungen gemacht? Wofür haben Sie sich eingesetzt? Wofür waren Sie bekannt?

Lexikonartikel entdecken

Wortschatzarbeit (S. 58)

AUFGABE 2:

Stichwort	=	Stich *(Nomen)*	+ +	Wort *(Nomen)*
Fachbegriff	=	Fach *(Nomen)*	+ +	Begriff *(Nomen)*
Fachsprache	=	Fach *(Nomen)*	+ +	Sprache *(Nomen)*
Fremdwort	=	fremd *(Adjektiv)*	+ +	Wort *(Nomen)*

Nachschlagewerk =

nach *(Präposition)*	+ +	schlag(en) *(Verb)*	+ +	Werk *(Nomen)*

AUFGABE 3:

Ein Lexikon nenn man auch Enzyklopädie oder Nachschlagewerk.

Die Suche nach Informationen zu einem Thema nennt man Recherche (oder recherchieren).

Wenn ein Wort ursprünglich aus einer anderen Sprache stammt, dann ist es im Deutschen ein Fremdwort.

Ein Online-Lexikon kann schnell auf neue Erkenntnisse reagieren und sie in seine Artikel aufnehmen. Es ist damit aktueller als ein gedrucktes Lexikon.

Wenn sich ein Lexikon nur mit einem Themengebiet beschäftigt, nennt man es Fachlexikon.

Bei einigen Online-Lexika kann jeder Benutzer eigene Artikel veröffentlichen. Darum ist eine Kontrolle der Informationen besonders wichtig.

AUFGABE 4 ★:

a) Ursprünglich stammt der Begriff „Enzyklopädie“ aus dem Griechischen. Er ist über das Lateinische und Französische in die deutsche Sprache eingewandert.

b) Eine Enzyklopädie ist ein Nachschlagewerk, in dem entweder das gesamte Wissen zu einem bestimmten Thema gesammelt wird (auch Fachlexikon) oder eine besonders umfassende Sammlung von allgemeinem Wissen zusammengetragen wird. Die Begriffe in einer Enzyklopädie sind alphabetisch sortiert.

c) Die Begriffe „Enzyklopädie“ und „Lexikon“ werden meist als Synonyme gebraucht. Eine Enzyklopädie ist häufig etwas umfangreicher als ein Lexikon. Ein Wörterbuch bezieht sich auf das Wissen um eine Sprache. Die Anordnung ist hier sowohl alphabetisch als auch nach Themenbereichen sortiert.

Artikel aus Online-Lexika untersuchen (S. 59)

AUFGABE 1:

Köln (kölsch Kölle) ist mit rund 1,1 Millionen Einwohnern die bevölkerungsreichste Stadt des Landes Nordrhein-Westfalen sowie nach Berlin, Hamburg und München die viertgrößte Stadt Deutschlands.
(Quelle: https://de.wikipedia.org/wiki/Köln)

Köln
Köln ist eine Stadt am Rhein und liegt im Bundesland Nordrhein-Westfalen.
(Quelle: https://klexikon.zum.de/wiki/Köln)

Einen Lexikonartikel zusammensetzen (S. 60)

AUFGABE 2:
Lösung: C – A – E – B – D – F

Auch in dieser Reihe erschienen:

Willkommen im Regelunterricht!

DaZ-Lernende entdecken literarische Textsorten

Niedrigschwellige Arbeitsblätter für die Klassen 5–8

Janina Weiß

Kl. 5–8, 72 S., A4, Heft
ISBN 978-3-8346-4220-2

- Literarische Texte speziell für DaZ-Schüler*innen aufbereitet
- Heranführung an die verschiedenen Textsorten mithilfe von Infokästen, Wortschatzarbeit und leichten Analyseaufgaben
- Gezielte Integration der Lerner*innen aus den Willkommensklassen in den Regelunterricht